苏东坡与《红楼梦》

韩建伟◎著

经济日报出版社

一点感想
（代序）

《红楼梦》我看了好多遍。有人说：你是不是闲得呀？还真不是。这事说来话长。《红楼梦》不是一般的书，它是一本“魔书”——不是讲魔法的书，是本身具有魔力的书。它自己会变。孙猴子会七十二变，它比孙猴子只多不少。我每次看它的感觉都不一样，每次看都会有新的发现。准确地说，是每次看都会有新的疑问。有些疑问在看过几遍之后解决了，有些疑问直到今天也不明白。举两个最基本的例子。你知道书中男主人公的人名是什么吗？有人会说“不是叫‘宝玉’吗？”不对。“宝玉”是小名，他大名不叫这个。书中第三回黛玉有一段话，她说：“在家时亦曾听见母亲常说，这位哥哥比我大一岁，小名就唤宝玉，虽极憨顽，说在姊妹情中极好的。”第十六回，秦钟魂魄离身，只剩一口悠悠余气在胸，正见许多鬼判持牌提索来捉他。忽听见“宝玉来了”四字，便忙又央求道：“列位神差，略发慈悲，让我回去，和这一个好朋友说一句话就来的。”众鬼道：“又是什么好朋友？”秦钟道：“不瞒列位，就是荣国公的孙子，小名宝玉。”第三十一回，湘云问道：“宝玉哥哥不在家吗？”宝钗笑道：“他再不想着别人，只想宝兄弟，两个人好憨的。这可见还没改了淘气。”贾母道：“如今你们大了，别提小名儿了。”这三处都明确提示宝玉是有大名的，但大名是什么，对不起，这是个秘密，不能告诉你。再有，《红楼梦》很重视人物的生日，书中一而再再而三地描写贾府过生日的场景，从贾母、王熙凤、宝钗再到宝玉，还掰着手指头告诉读者几月几号是谁的生日。比如，贾母是八月初三，王夫人是三月初一，元春是正月初一，王熙凤是九月初二，宝钗是正月二十一，黛玉是二月十二……但是，你知道宝玉的生日是哪天吗？书中第六十三回《寿怡红群芳开夜宴》那么一大篇文字写宝玉过生日，却绝口不提具体是哪一天，这与故意躲着不说出宝玉的大名如出一辙，为什么？

在一般读者的印象中，《红楼梦》讲的似乎是两段因缘，一段叫“木石前盟”，一段叫“金玉良缘”。书中第五回红楼梦曲子《终身误》开头一句即是“都道是金玉良缘，俺只念木石前盟”。“木石前盟”指宝玉与黛玉，“金玉良缘”指宝玉与宝钗。我初读时也是这样的看法。看过几遍之后，发现完全不是这么回事，《红楼梦》从头到尾既没有写“木石前盟”的“盟”，也没有写“金玉良缘”的“缘”，两者都没有证据支持，我们是被表象所迷惑了。所谓“盟”，两人叩头结拜、宣誓缔约叫盟，宝玉、黛玉前世有盟吗？我们知道，宝玉、黛玉的前身是神瑛侍者和绛珠仙草。书中第一回说：“只因西方灵河岸上三生石畔，有绛珠草一株，时有赤瑕宫神瑛侍者日以甘露灌溉，这绛珠草始得久延岁月。后来既受天地精华，复得雨露滋养，遂得脱却草胎木质，得换人形，仅修成个女体，终日游于离恨天外，饥则食蜜青果为膳，渴则饮灌愁海水为汤。只因尚未酬报灌溉之德，故其五内便郁结着一段缠绵不尽之意。恰近日这神瑛侍者凡心偶炽，乘此昌明太平朝世，意欲下凡造历幻缘，已在警幻仙子案前挂了号。警幻亦曾问及，灌溉之情未偿，趁此倒可了结的。那绛珠仙子道：‘他是甘露之惠，我并无此水可还。他既下世为人，我也去下世为人，但把我一生所有的眼泪还他，也偿还得过他了。’因此一事，就勾出多少风流冤家来，陪他们去了结此案。”雪芹在这里说得很清楚，绛珠仙子要跟着神瑛侍者下凡，用眼泪来报恩，是她自己的主意，属于一厢情愿，神瑛侍者并不知情，何“盟”之有？说宝钗与宝玉是金玉良缘，起因是宝钗有个金项圈，项圈上的两句话与宝玉落草时衔着的那块玉正好配上。项圈上面的两句话是：不离不弃，芳龄永继。玉上面的两句话是：莫失莫忘，仙寿恒昌。书中说，宝玉去梨香院看望宝钗，聊天时，说到了宝玉身上的那块玉，宝钗因笑说道：“成日家说你的这玉，究竟未曾细细地赏鉴，我今儿倒要瞧瞧。”她一面瞧那块玉，一面念出上边錾的字。一旁的丫鬟莺儿听了，笑嘻嘻地说："我听这两句话，倒像和姑娘的项圈上的两句话是一对。"宝玉听到这话，闹着也要瞧瞧宝钗的项圈。宝钗被缠不过，因说道："也是个人给了两句吉利话儿，所以錾上了，叫天天带着，不然，沉甸甸的有什么趣儿。"宝玉看后说："姐姐这八个字倒真与我的是一对。"莺儿笑道："是个癞头和尚送的，他说必须錾在金器上。"雪芹写这一段书极为用心，读者稍不留意，就漏过了重要信息。看这两句：宝钗说"也是个人给了两句吉利话儿，所以錾上了"，后面莺儿又补充道"是个癞头和尚送的，他说必须錾在金器上"。雪芹的意思很清楚，宝钗从癞头和尚那里得的仅是"两句吉利话儿"，不是金项圈；金项圈是薛家自己买的，然后请人把那几个字给錾在了上面。雪芹在第二十八回写了这样一段话："薛宝钗因往日母亲对王夫人等曾提过'金锁是个和尚给的，等日后有玉的方可结为婚姻'等语，所以总远着宝玉。"这就更清楚了。《红楼梦》书中的癞头和尚不是一般的和尚，他是个仙人，代表着天意。宝钗的金项圈不是癞头和尚送的，也即是说所谓上天安排的"金玉良缘"纯属子虚乌有，是人为制造的，而这个"人"，就是薛姨妈。既然没有"缘"，雪芹在书中又数次提到"木石""金玉"，为什么？

《红楼梦》留给读者许多的谜，许多的"为什么"。自它问世起，二百年来，热衷猜谜的人如过江之鲫。究其原因，主要是因为"书未成，芹为泪尽而逝（脂砚斋语）"。由于作者早逝，使得先已铺垫好的故事情节失去了下文，从而留下一堆悬念。但是，上面提到的两个"为什么"，却不属于书残所致，是作者雪芹有意为之。第一个"为什么"，即宝玉的大名和生日，说实话，至今我也没搞明白；至于第二个"为什么"，即"木石"和"金玉"的关系，在不断地品味原本之后，我逐渐地开始醒悟。这先要从第二回《冷子兴演说荣国府》说起。

落魄的贾雨村在扬州城外偶遇"旧日在都相识"的冷子兴，两人把盏闲谈，谈到都中荣国府贾家，谈到衔玉而生的宝玉。冷子兴引宝玉的话说："女儿是水做的骨肉，男人是泥做的骨肉。我见了女儿，我便清爽，见了男子，便觉浊臭逼人。"冷子兴由此断言宝玉"将来色鬼无疑了"。雨村听了，厉色反驳道："非也！可惜你们不知道这人来历。"接下来，他讲了一大篇关于天地生人的道理。他说天地之间有一股正气，有一股邪气，秉正气而生的是大仁之人，秉邪气而生的是大恶之人。还有一种人，既不是秉正气而生，也不是秉邪气而生，他们身上正邪两气都有，雨村称他们是“秉正邪两赋而生之人”，并将这种人归为三类：一类是生于公侯富贵人家的，他们会成为情痴情种；一类生于诗书清贫之族的，他们会成为逸士高人；还有一类是生于薄祚寒门的，他们会成为奇优名倡。雨村就这类人列出了一个长长的名单，有卓文君、红佛、薛涛、崔莺等等，名单最后的一个名字就是引起我注意的、让我百思不得其解的、在这里特别要说的人：朝云。卓文君等人大家都熟悉，她们都是见诸于正史或传奇故事中的著名人物，唯独朝云，知道的人不多，因为她既非“情痴情种”“逸士高人”，也非“奇优名倡”，正史和传奇故事里都没有。把朝云列在这个名单中，且放在特别显眼的最后一位，这是为什么？在回答这个问题之前，我们先要了解一下这个“朝云”是谁。

这里的朝云，姓王，大名王朝云，生活在北宋，是苏东坡的侍妾，是苏东坡没有夫人名号的夫人，曾陪伴东坡在岭南度过了几年最艰苦的贬谪生涯。朝云是杭州人，从小失了父母，流落到一家歌妓馆。东坡在杭州任通判的时候，经常出席有歌妓佐酒的宴会，一个偶然的机会，他发现了一个人前人后跑跑颠颠的小女孩，聪明伶俐，很招人喜欢。这个小女孩就是朝云，那一年她刚满九岁。东坡回家跟夫人王闰之说起朝云，王闰之听了也很喜欢，就把她领回了家。开始就是帮着做做家务，闲时也学习一点歌舞，有客人来家时可以应酬一下（宋代官僚有在家养歌妓的习俗）。别看朝云年纪小，但她的脾气个性与东坡很投缘。有一天饭后家人们在一起闲聊，东坡拍着肚子问大家：“你们说说，里面都是什么东西？”有说“都是文章”的，有说“都是学问”的，唯独朝云说：“您呀，一肚皮不合时宜！”东坡听了哈哈大笑，遂把这个小姑娘引为知己。东坡在黄州的时候，由夫人王闰之作主，将朝云收为侍妾。从那时起，朝云就一刻也没有离开过东坡，跟着东坡东奔西走，直到三十二岁（东坡碑铭写三十四岁，是虚岁，宋人算年龄都虚两岁）在惠州病逝。

朝云是东坡的家人，她完全不符合雪芹“秉正邪两赋而生之人”的定义，但是她却出现在了那个名单中，这样的安排让我十分不解。及至第八回书中出现了“梦坡斋”三个字，我的不解就上升到了困惑的程度。书中写宝玉的嬷嬷问府里的二位清客相公贾政在何处，二位回答说：“老爷在梦坡斋小书房里歇中觉呢。”在“梦坡斋”下面，雪芹著书的合作者也是批书人脂砚斋用红笔批道：“妙！梦遇坡仙之处也。”在不同的版本上，批语的内容稍有不同。上面说的是甲辰本，而甲戌本的批语是：“使人起遐思。妙。梦遇坡之处也。”贾政的住所取名梦坡斋，就是梦遇东坡之斋，其“妙”在何处？纵观全书，贾政只是一个貌似忠厚、无德无能、一本正经、无情无趣、不会理家、不会理财、不会理儿孙、不会理女人的人，是雪芹最厌恶的酸儒、腐儒之代表，把东坡的大名和他联系在一起，比起把朝云的名字排进“奇优名倡”之列更没有道理。朝云与东坡，两人同时在书中出现，且都出现在不该出现的地方，以雪芹写《红楼梦》之精细严谨的态度，这绝不会是随意而为，一定有深意存焉，否则也称不上“字字看来皆是血，十年辛苦不寻常”。也正是这两处看似互不关联又说不出道理的细节，开启了我探索苏东坡与《红楼梦》之关系的兴趣。

当再次从头品读《红楼梦》（这次看的是周汝昌先生的汇校本）的时候，一翻开书我就愣住了。原来，《红楼梦》开篇还有个“凡例”，它明确讲作者为什么要写《红楼梦》，即《红楼梦》成书的旨义。我纳闷这么重要的“凡例”过去怎么就没有留意过呢？“凡例”的核心是四句诗，诗曰：“浮生着甚苦奔忙，盛席华宴终散场。悲喜千般同幻渺，古今一梦尽荒唐。”大意是人生虚幻，瞎忙个什么劲，再盛大的宴席也得散；悲也好，喜也好，不过是过眼云烟。人生如梦，从古至今都一样。看到这儿，我眼前一亮：这样的意思、这样的句子不是从东坡那里来的吗？不信，请看东坡的这首《满庭芳》：“蜗角虚名，蝇头微利，算来着甚干忙。事皆前定，谁弱又谁强。且趁闲身未老，须放我、些子疏狂。百年里，浑教是醉，三万六千场。思量，能几许？忧愁风雨，一半相妨。又何须抵死，说短论长。幸对清风皓月，苔茵展、云幕高张。江南好，千钟美酒，一曲满庭芳。”怎么样，眼熟吧？意思一样，有的地方连用词都一样。特别是“浮生着甚苦奔忙”中的“着甚”下接“忙”这样的造句很传神，是东坡特有的用词习惯。我暗自琢磨：雪芹有要在《红楼梦》中表现东坡的意思吗？忽然想到《红楼梦》正文中出现的贾宝玉咏螃蟹的诗，其中两句是："原为世人美口腹，坡仙曾笑一生忙"，真实的情况是，东坡从来没有笑过螃蟹，他倒是笑过自己、笑过世人"一生忙"。雪芹这里莫非也是想借宝玉之口来表达和东坡一样的意思？看着看着，东坡其他诗句如"世事一场大梦，人生几度秋凉"以及"人生如梦，一樽还酹江月"等全都自己跑出来了。"凡例"最后说"古今一梦尽荒唐"，属于概括总结的性质。古今一样的梦，雪芹跟谁一样？当然是跟此诗的创意者——东坡的一样。"凡例"的态度很明确，即摆明雪芹的人生态度与东坡一脉相承，东坡为"古"，雪芹为"今"。

循着开篇的"凡例"一路读下去，东坡在书中的面目逐渐地清晰起来。我越来越深切地感受到，雪芹为了扩大小说的警世作用和审美格局，有把东坡的思想和人生化进自己著作的冲动。之所以不能明写，可能与当时的社会环境有关。在雪芹那个时代，写自己"背父母教育之恩，负师兄规劝之德，以致今日一事无成半生潦倒之罪"，这样的内容可以被视为"毫不干涉时世""亦非伤时骂世"，可以免遭当局残酷的文字狱。如果明言书中包含感叹苏东坡身世的内容，那结果会是怎样呢？东坡是封建社会标准的士大夫，是儒林的表率，是万众敬仰的人物，写东坡同自己一样，一生坎坷、屡遭迫害、身陷囹圄、壮志难酬，以致怀疑人生、产生了人生如梦的思想，这个问题可就大了，因为它会牵扯到社会制度和统治阶级，你再说不是"伤时骂世""干涉时世"就没人相信了，而其招致的后果可想而知。话说回来，暗写也有暗写的好处，什么都明着写就不是《红楼梦》了，所谓"假作真时真亦假，无为有处有还无"其蕴涵的阅读乐趣也就荡然无存了。

我们下面就具体说一说雪芹"暗写"东坡的作用。第一，深化了主题思想。雪芹曾借警幻之口指出人生有两条路，一条叫"世道"，一条叫"闺阁"。雪芹以东坡代表"世道"，以宝玉代表"闺阁"，其结论是，这两条路不分彼此，都是不值得世人"奔忙"的"荒唐梦"。这是《红楼梦》所要表达的中心思想。第二，抬升了艺术成就。雪芹借用东坡的哲学、东坡的审美、东坡的故事搭建《红楼梦》的框架，让东坡的故事和形象与《红楼梦》中的人物水乳交融，形成一个有机的整体，就好比是站在东坡的肩上进行创作，使得《红楼梦》的思想性和艺术性都达到了一个前所未有的高度。《红楼梦》中的故事和人物形象许多是取材于东坡。如书中提到的西方三生石、太虚幻境薄命司、高僧转世下凡、与仙姑对话等神话，还有二十把扇子、魇魔法、寒塘渡鹤影等故事，在东坡那里都能找到原型。就人物形象而言，不单湘云完全是按照东坡的审美来塑造，黛玉、宝钗等人物刻画也多参考了东坡的诗文。如第三回在写黛玉的容貌时，能看到东坡《减字木兰花》中“敛黛含颦喜又瞋”的句子；在写宝钗大观园嬉戏扑蝶时，能看到东坡《翻香令》中“扑蝶西园随伴走”的句子，等等。第三，增加了阅读的乐趣。雪芹用东坡与朝云的故事来隐喻宝玉与湘云的关系，并暗示他们的结局，使《红楼梦》形成一明一暗、相映成趣的两条主线，这样可以使读者时时感受到探宝般的乐趣，可以一点一点去体会什么叫“甄士（真事）隐”和“贾雨村（假语存）”。

东坡的故事，他的喜怒哀乐以及生活中的方方面面，在《红楼梦》各个章节均有体现，尤其集中在书中的男女主角身上。说到《红楼梦》的主角，男主角没有异议，当然是宝玉；那女主角呢？绝大多数的人会说是黛玉，也有一部分人说是宝钗。黛玉与宝玉有“木石前盟”，宝钗与宝玉有“金玉良缘”。事实果真如此吗？我在前文提到，细查文本，书中根本没有提到过“盟”，所谓“缘”也是虚的，不是真有缘，是人为的、硬编造出来的。“木石”与“金玉”都是铺垫，真正“天生的一对”是宝玉与湘云。宝玉住在怡红院，这个“红”不是一般人所认为的胭脂红，而是海棠红，源于院中一棵“葩吐丹砂”的西府海棠。雪芹在书中以花喻人，而海棠所比喻的人正是湘云。东坡的那首《海棠》诗成为联结宝玉与湘云的纽带。书中还有一个很重要的情节，表明宝玉与湘云的关系，那就是一对金麒麟的故事。在《红楼梦》中，宝玉和湘云二人各有一个金麒麟，湘云那只来历不明，是原本就带着的；宝玉那只交待得很清楚，是从“大幻仙人”张道士那里得来的，中间丢过一次，又被湘云捡到了。这两个金麒麟不是从一处来，却偏偏是一对，即一大一小，一阴一阳。麒麟是瑞兽，在东坡诗文中，乘坐麒麟代表着已修炼成仙，可以自由地在天地间穿梭往返了，就像书中经常出现的那两位仙人——癞头和尚和跛足道人。《红楼梦》真正要表达的思想就是，宝玉、湘云在经历了人世间的千般悲喜之后，从大梦中醒来，双双开悟，最终选择了逃离红尘。雪芹用“海棠”“金麒麟”喻示宝玉、湘云之间的关系以及他们的归宿。海棠是纽带，麒麟是象征。这两个意象都直接来自东坡。

在确定湘云才是真正的女主角之后，书中第二回出现朝云的名字就不难理解了。朝云是东坡最爱的女人，雪芹就是把湘云作为朝云的化身写在《红楼梦》书中的。在湘云身上，从言谈举止到行为方式，全部都遵循着东坡的美学思想，如湘云醉眠芍药裀、割腥啖膻、寒塘渡鹤影乃至于湘云的侠气、幽默、心直口快等等，包括她咬舌的“毛病”，都有东坡作的底本。总之一句话，东坡喜欢的，就是湘云喜欢的；东坡讨厌的，也是湘云讨厌的。东坡的心愿是携朝云之手前往他心中的圣地——“天上宫阙”，而宝玉与湘云最后的归宿同样也是那里。

拉拉杂杂说了这么多，基本把我“《红楼梦》中有苏东坡”的想法交代清楚了。在中国文化史上，我认为最有趣的人，是苏东坡；最好看的书，是《红楼梦》。在《红楼梦》中发现了苏东坡的存在，真是一件令人特别兴奋的事。您可以尝试将东坡的诗文与《红楼梦》小说对照着欣赏，仔细揣摩什么叫“一声两歌”“一手二牍”（戚蓼生《石头记》序）和“不写而写”那样的艺术境界；您还可以开动脑筋去探究使“最有趣”成功牵手“最好看”的原因，那也必定是乐事一桩。书中的东坡，读者或看到或看不到、或看得多或看得少，这要凭眼力、看缘分。套用东坡《观棋》诗句，就是“胜固欣然，败亦可喜”。能看出来固然值得高兴，看不出来也没什么，不影响对《红楼梦》的欣赏。

目录

第一章
人生如梦的主题

《红楼梦》的宗旨

雪芹开篇用四句诗讲《红楼梦》旨意，告诉读者他撰写此书的目的。旨意四句诗化用了东坡的句子，传承的是东坡的思想。所谓“古今一梦尽荒唐”，那个“古”说的是东坡，那个“今”指的是他自己。书中既有雪芹的人生梦也有东坡的人生梦，他们的梦交织在一起，悲悲喜喜，喜喜悲悲，最后什么都留不下，只落了片白茫茫大地真干净！

红楼梦开篇有个“凡例”①，明确讲为什么写红楼梦，即红楼梦旨义。有四句诗，诗曰：“浮生着甚苦奔忙，盛席华宴终散场。悲喜千般同幻渺，古今一梦尽荒唐。”大意是人生虚幻，瞎忙个什么劲，再盛大的宴席也得散；悲也好，喜也好，不过是过眼云烟。人生如梦，从古至今都一样。

如果我说这首诗化用的是东坡的词、东坡的意，一定会有人睁大眼睛问：是真的吗？先请看东坡的这首《满庭芳》：“蜗角虚名，蝇头微利，算来着甚干忙。事皆前定，谁弱又谁强。且趁闲身未老，须放我、些子疏狂。百年里，浑教是醉，三万六千场。思量能几许，忧愁风雨，一半相妨。又何须抵死，说短论长。幸对清风皓月，苔茵展、云幕高张。江南好，千钟美酒，一曲满庭芳。”怎么样，眼熟吧？意思一样，有的地方连用词都一样。

① 注：“凡例”诗在《红楼梦》钞本中一共有八句，除了上面引的四句，后面还有四句：“漫言红袖啼痕重，更有情痴抱恨长。字字看来皆是血，十年辛苦不寻常。”据红学家冯其庸的考证，这四句是批书人脂砚斋后加上的，它不是在讲旨义，是在发感慨，属于“批”的一部分。

特别是“浮生着甚苦奔忙”中的“着甚”下接“忙”这样的造句很传神，是东坡特有的用词习惯。你只要熟悉东坡的诗、东坡的词，看到这里猛地就会惊一下子：这是东坡的句子啊！雪芹有要把《红楼梦》和东坡联在一起写的意思吗？书中正文还有贾宝玉咏螃蟹作的诗：“原为世人美口腹，坡仙曾笑一生忙。”东坡何曾笑过螃蟹“一生忙”？他是笑自己，笑人生。雪芹这里也是借贾宝玉之口来表达和东坡一样的意思。接着看旨义。不得了了，看着看着东坡其他诗句如“世事一场大梦，人生几度秋凉”以及“人生如梦，一樽还酹江月”等等自己全都跑出来了。旨义最后说“古今一梦尽荒唐”，属于概括总结的性质。古今一样的梦，跟谁一样？当然是跟诗的创意者东坡的一样。雪芹认为他的人生态度跟东坡一致，存在着深深的宿命论和人生虚无缥缈的思想。

东坡为“古”，雪芹为“今”。他要把东坡的思想和人生化进自己的著作，借此扩大小说的警世作用和审美格局。这个心思雪芹不会明着说出来，什么都明着说就不是《红楼梦》了。将“真事”隐藏在“假语”中是他写《红楼梦》的大特色。这里面或许有内容和艺术两方面的考量。先说内容方面。在当时的社会条件下，写自己“背父母教育之恩，负师兄规劝之德，以致今日一事无成半生潦倒之罪”，这样的内容可以视为“毫不干涉时世”“亦非伤时骂世”，可以免遭当局残酷的“文字狱”。如果明言书中也有苏东坡的经历，那结果会是怎样呢？东坡是封建社会标准的士大夫，是儒林的表率，是万众敬仰的人物，写东坡同自己一样，一生坎坷、屡遭迫害、壮志未酬，以致怀疑人生、产生了人生如梦的思想，这个问题可就大了，那就不能仅仅归罪于个人，那要向当时的社会和统治阶级追究原因了。这样一来，《红楼梦》就脱不了“伤时骂世”“干涉时世”的干系，就真成了一本社会问题小说了，其招致的后果可想而知。再说艺术方面。雪芹按照“甄士（真事）隐”“贾雨村（假语存）”的套路，先用东坡的美学思想搭建起《红楼梦》的主框架，然后再不动声色地把他的故事和形象散落在书中的角落里，使《红楼梦》的思想性和艺术性都达到了一个空前的高度。这些故事和形象与《红楼梦》的人物水乳交融，形成一个有机的整体。

书中的东坡，读者或看到或看不到、或看得多或看得少，这要凭缘分，靠运气。套用东坡《观棋》诗句，就是“胜固欣然，败亦可喜”。能看出来固然值得高兴，看不出来也没什么，不影响欣赏。雪芹是想达到、其结果也确实达到了“一声两歌”“一手二牍”（戚蓼生《石头记》序）、“不写而写”那样的艺术高度。

《红楼梦》开篇在交代完“旨义”，即明确书的主题、暗示东坡的存在之后，故事就正式开始了。

好了歌

落魄的甄士隐遇到了跛足道人，听他念《好了歌》，顿时就开悟了。歌曰：世人都晓神仙好，唯有功名忘不了！古今将相在何方，荒冢一堆草没了。世人都晓神仙好，只有金银忘不了！终朝只恨聚无多，及到多时眼闭了。世人都晓神仙好，只有娇妻忘不了！君生日日说恩情，君死又随人去了。世人都晓神仙好，只有儿孙忘不了！痴心父母古来多，孝顺儿孙谁见了？这首《好了歌》，用东坡的一句诗就概括了。东坡说："神仙固有之，难在忘势利！"

雪芹写《红楼梦》，巫山神女的传说带给他很多的启发，特别体现在塑造警幻仙姑、史湘云等人的形象上。这个问题本书有专文讨论，这里先按下不表。这里要说的是，第一回跛足道人那首著名的《好了歌》跟巫山也有关系。不信？我们看一下东坡写的一首诗，题目就是《巫山》。

瞿塘迤逦尽，巫峡峥嵘起。连峰稍可怪，石色变苍翠。天工运神巧，渐欲作奇伟……

这是东坡早年写的一首诗，诗很长，这里就不全引了。简单梳理一下，这首诗从自然风光起笔，在赞美了巫峡、神女峰的壮丽之后，表达了自己对求仙问道的向往，最后通过野老与少年的对话，激发出心底里的一个大感慨，即"神仙固有之，难在忘势利"！

后人对这首诗的评价极高，如清朝的大学者纪晓岚，他说此诗"波澜壮阔，繁而不杳。极完密，又极潇洒"。对于诗中发出的那个感慨，更是让无数人点头叹息。何为势利？势利是人在红尘中所有的贪念，是功名、富贵、金钱、美女……都说放下，又有几个人能做到？雪芹在叹息之余，用他的生花妙笔把这个感慨化入了作品中，成为世人皆知的《好了歌》。

书中说，士隐可巧这日拄了拐杖挣挫到街前散心时，忽见那边来了一个跛足道人，疯癫落脱，麻屣鹑衣，口内念着几句言词，道是：

世人都晓神仙好，惟有功名忘不了！古今将相在何方？荒冢一堆草没了。

世人都晓神仙好，只有金银忘不了！终朝只恨聚无多，及到多时眼闭了。

世人都晓神仙好，只有娇妻忘不了！君生日日说恩情，君死又随人去了。

世人都晓神仙好，只有儿孙忘不了！痴心父母古来多，孝顺儿孙谁见了？

士隐听了，便迎上来道："你满口说些什么？只听见些好了好了。"那道人笑道："你若果听见好了二字，还算你明白。可知世上万般，好便是了，了便是好。若不了，便不好，若要好，须是了。我这歌儿，便名《好了歌》。"士隐本是有宿慧的，一闻此言，心中早已彻悟。因笑道："且住！待我将你这《好了歌》解注出来何如？"道人笑道："你解，你解。"士隐乃说道：

陋室空堂，当年笏满床，衰草枯杨，曾为歌舞场。蛛丝儿结满雕梁，绿纱今又糊在篷窗上。说什么脂正浓，粉正香，如何两鬓又成霜？昨日黄土陇头送白骨，今宵红灯帐底卧鸳鸯。金满箱，银满箱，展眼乞丐人争谤。正叹他人命不长，哪知自己归来丧！训有方，保不定日后作强梁。择膏粱，谁承望流落在烟花巷！因嫌纱帽小，致使锁枷杠，昨怜破袄寒，今嫌紫蟒长。乱哄哄你方唱罢我登场，反认他乡是故乡。甚荒唐，到头来都是为他人作嫁衣裳！

《好了歌》使士隐顿悟，然后还做了一番解注。他解注的这点意思，在东坡的诗文里同样能够找到。看这首《过于海舶，得迈寄书、酒》。诗太长，我们选中间的几句：

他年汝曹笏满床，中夜起舞踏破瓮。会当洗眼看腾跃，莫指痴腹笑空洞。

东坡、雪芹，一个在前一个在后，他们都在用"笏满床"比喻暂时的荣华，他们都在警示后人不要贪恋虚无缥缈的人间富贵，可谓用心良苦啊！

薄命佳人

雪芹把金陵十二钗暨大观园所有的女子都归入了“薄命司”，深深地为她们的命运而叹息。他借林黛玉的口说出“佳人命薄”这四个字，还说是出自一位古人。那位古人是谁呢？是东坡。在北宋时期，“佳人”这个词早就有了，“命薄”或者说“薄命”也不新鲜。但是，把“佳人”和“命薄”连在一起说的，是东坡。东坡有首诗，题目就叫《薄命佳人》，其最后两句是：自古佳人多命薄，闭门春尽杨花落。

第五回“开生面梦演红楼梦 立新场情传幻境情”，贾宝玉被警幻仙姑带至太虚幻境，见有一副对联，乃是：假作真时真亦假，无为有处有还无。转过牌坊，便是一座宫门，上面横书四个大字，道是：“孽海情天”。又有一副对联，大书云：厚地高天，堪叹古今情不尽，痴男怨女，可怜风月债难偿。这些宝玉都看不懂，他稀里糊涂地随仙姑进入二层门内，至两边配殿，皆有匾额对联，一时看不尽许多，唯见有几处写的是：“痴情司”“结怨司”“朝啼司”“夜怨司”“春感司”“秋悲司”。看了，因向仙姑道：“敢烦仙姑引我到那各司中游玩游玩，不知可使得？”仙姑道：“此各司中皆贮的是普天之下所有的女子过去未来的簿册，尔凡眼尘躯，未便先知的。”宝玉听了，哪里肯依，复央之再四。仙姑无奈，说：“也罢，就在此司内略随喜随喜罢了。”宝玉喜不自胜，抬头看这司的匾上，乃是“薄命司”三字，两边对联写的是：春恨秋悲皆自惹，花容月貌为谁妍。宝玉看了，便知感叹。

雪芹写这段文字很有意思，前面六个司是虚写，因此让宝玉什么都看不懂，迷迷糊糊地走过。到了“薄命司”，宝玉马上就清醒了，不但看懂了，还知道“感叹”。雪芹这是在敲黑板、画重点，告诉读者下面要讲的是全书的关键内容，将首次提到“金陵十二钗”，并将亮出她们每个人的命运册。

书中说，宝玉进入薄命司，只见有十数个大橱，皆用封条封着。看那封条上，皆是各省的地名。宝玉一心只拣自己的家乡封条看，遂无心看别省的了。只见那边橱上封条上大书七字云：“金陵十二钗正册”。宝玉问：“何为金陵十二钗正册？”警幻道：“即贵省中十二冠首女子之册，故为正册。”宝玉道：“常听人说，金陵极大，怎么只十二女子？如今单我家里，上上下下，就有几百女孩子呢。”警幻冷笑道：“贵省女子固多，不过择其紧要者录之。下边二橱则又次之。余者庸常之辈，则无册可录矣。”宝玉听说，再看下首二橱上，果然写着“金陵十二钗副册”，又一个写着“金陵十二钗又副册”。

贾家的女孩子，包括与贾家有关系的女孩子，全部列入了薄命司，不由得让人叹息。薄命，一般是与红颜，即年轻貌美有才华的女子，联系在一起的。林黛玉就说：“古人云‘佳人命薄’，然我又非佳人，何命薄于双文哉？”这句话可以拆分成两个意思，第一，“佳人命薄”是古人说的，我不持异议；第二，我不是佳人，为什么也这么命薄，甚至还不如双文（《西厢记》中的崔莺莺）？各位，如果林黛玉不是佳人，这世界上还有佳人吗？所以，这第二个意思根本就不用讨论。这里说说第一个意思。

林黛玉说“佳人命薄”是古人说的，你知道是哪位古人说的吗？没错，是东坡，苏东坡说的。“佳人”两字古已有之，“薄命”二字也不是新说法，但是，把“薄命”和“佳人”连在一起说，始自东坡。他有一首著名的诗，题目就是《薄命佳人》。

双颊凝酥发抹漆，眼光入帘珠的皪。
故将白练作仙衣，不许红膏污天质。
吴音娇软带儿痴，无限闲愁总未知。
自古佳人多命薄，闭门春尽杨花落。

雪芹写《红楼梦》是“念及当年所有之女子”，“原为记述当日闺友闺情”，这里面有深深的无奈、彷徨、眷恋和悲伤，正好对应了东坡“佳人薄命”的感叹，世上从此又多了一个“薄命司”的概念。

寄生草

宝钗给宝玉讲戏，讲到一出戏叫《寄生草》，戏文很妙，有这样的诗句："赤条条来去无牵挂。那里讨烟蓑雨笠卷单行？一任俺，芒鞋破钵随缘化！"宝玉听得上瘾，拍着大腿叫好。《寄生草》这段戏文，化用了东坡的一首词，词牌是《定风波》。词曰："莫听穿林打叶声，何妨吟啸且徐行。竹杖芒鞋轻胜马，谁怕？一蓑烟雨任平生。料峭春风吹酒醒，微冷，山头斜照却相迎。回首向来萧瑟处，归去，也无风雨也无晴。"宝玉后来"悬崖撒手"逃离红尘，就是在此时现出了预兆。

第二十二回。宝钗生日，贾府在贾母的内院中搭了家常小巧戏台，定了一班新出小戏，昆弋两腔皆有。宝钗点了一出《鲁智深醉闹五台山》。宝玉说："我从来怕这些热闹。"宝钗说："要说这一出热闹，你还算不知戏呢。你过来，我告诉你，这一出戏热闹不热闹。是一套北《点绛唇》，铿锵顿挫，韵律不用说是好的了，只那辞藻中有一支《寄生草》，填得极妙，你何曾知道。"宝玉见说得这般好，便凑近来央告："好姐姐，念与我听听。"宝钗便念道：

漫揾英雄泪，相离处士家。谢慈悲剃度在莲台下。没缘法转眼分离乍。赤条条来去无牵挂。那里讨烟蓑雨笠卷单行？一任俺，芒鞋破钵随缘化！

宝玉听了，喜得拍膝画圈，称赏不已。

这一支《寄生草》的前半阕是叙事，后半阙从"赤条条来去无牵挂"

起，是抒发感慨。而这后半阙正是化用了东坡的一首词：《定风波》：

莫听穿林打叶声，何妨吟啸且徐行。竹杖芒鞋轻胜马，谁怕？一蓑烟雨任平生。料峭春风吹酒醒，微冷，山头斜照却相迎。回首向来萧瑟处，归去，也无风雨也无晴。

这首词的前面有个引子，讲述写这首词的由来："三月七日，沙湖道中遇雨，雨具先去，同行皆狼狈，余独不觉。已而遂晴，故作此。"简单翻译一下，就是某天东坡和几个朋友走在半道遇到下雨了，因为没带雨具，其他人都忙着躲雨，唯独东坡一个人若无其事地继续前行。过了一会，雨停了，太阳出来了，心情大好的东坡随即填了一首词，抒发自己的感慨。

这首词不是一般的写景或抒情之词，它带有很浓的象征意味。这里的"回首向来萧瑟处"，不是说东坡回头看刚才下雨的地方，那儿有什么好看？东坡这里的意思是，他在回味自己风风雨雨的人生，他想要"归去"。但是，能归哪儿去呢？哪里才能"也无风雨也无晴"呢？不用说我们也知道，这个地方肯定不在我们身边，肯定不是我们所熟悉的这个红尘滚滚、风雨交加的环境。这个地方应该是东坡心目中的蓬莱仙山，一如宝玉曾经梦游过的太虚幻境。那是他们共同的理想世界。现在的问题是，这个理想世界如何去得？东坡给出了一个画面，背景很模糊，但我们能看到"竹杖芒鞋"和"一蓑烟雨"。这个画面与《寄生草》的"烟蓑雨笠""芒鞋破钵"一致，有托钵化缘的形象，有潇洒自在的意趣。其实，出家为僧这个念头久已深藏在宝玉心中，他跟黛玉就不止一次说过。只不过听戏的时候这个念头还不是那么坚定，还处于朦朦胧胧的状态。《寄生草》化用东坡的词义，一下把宝玉这个念头给激活了。日后宝玉"悬崖撒手"出离红尘，读者不会忘记东坡这首词对他产生的影响。

第二章
神话故事架构

三生石

补天石

异石

仙姑

梦坡斋

高僧转世

木居士

三生石

佛家有三生的概念，认为人有前生、今生和来生。宝玉的前生是神瑛侍者，黛玉的前生是绛珠仙子，他们都生活在西方灵河岸上三生石畔。他们前生有缘，今生有缘，说不定来生还有缘。宝玉初见黛玉就笑道："这个妹妹我曾见过的。"讲的就是前世缘。那个三生石的故事出自《僧圆泽传》，是东坡改写的唐人传奇。雪芹把《红楼梦》故事的起点设在三生石畔，暗含着循东坡思想开始并一直走下去的意思。

《红楼梦》书中贾宝玉的前身是神瑛侍者，林黛玉的前身是绛珠仙子，他们相遇在"西方灵河岸上三生石畔"。三生本是佛教用语，指人的前生、今生和来生。"三生石"这个说法最早的出处是唐人袁郊所写的传奇故事《甘泽谣·圆观》。东坡喜欢这个故事内容，但不喜欢袁郊的文笔，就自己动手重新改写了一遍，顺带把圆观的名字也改成了圆泽，取名为《僧圆泽传》。故事大意是：

很久以前，惠林寺僧人圆泽与在寺中居住的李源相交甚好。一日，两人相约去青城山、峨眉山游玩。当他们的船行至南浦的时候，见一个孕妇在水边汲水，圆泽望而泣下，告诉李源说："这个妇人姓王，她是我娘，我今天就转世，你若不信，三天后到这个妇人家里来看我，我会看着你笑。再过十三年的中秋月夜，在杭州天竺寺外，我还会与你相见。"说完圆泽就圆寂了。三天后，李源去那个姓王的妇人家，妇人已经生产，怀中的新生儿果然看着他笑。十三年后，李源如约赴杭，在天竺寺外，见一牧童扣牛角而歌。歌曰："三生石上旧精魂，赏月吟风不要论。惭愧情人远相访，此身虽异性长存。"李源欲上前相认，牧童对他说："李公真是信守承诺啊！但是咱们俗缘未尽，暂时还不能相认。有朝一日佛法修炼成功了，自然有重逢的机会。"

《僧圆泽传》讲了一个世事虚幻的故事，告诫大众要看破红尘、勤修佛法，最终完成有限生命向无限生命的升华。改写前人的故事，就东坡而言，一生仅此一次。唐袁郊《甘泽谣》的原本在宋元时代已佚，人们后来见到的三生石故事是明朝人从《太平广记》等书中辑出的，其传播和影响远不如东坡改写的《僧圆泽传》。东坡在他的诗文中多次提到圆泽和三生石，也可以看出他对这个故事的喜爱，如"我本三生人，畴昔一念差"（《次韵致张朝奉仍招晚饮》）；"欲向钱塘访圆泽，葛洪川畔待秋深"（《过永乐文长老已卒》）等。雪芹也一定非常喜欢这个故事，他撰写《红楼梦》就是按三生的架构来编织故事。书中首先交待主人公贾宝玉的前生——西方赤瑕宫神瑛侍者，然后重点写他的今生——荣国公的嫡孙、贾政王夫人的儿子（投胎于"王姓"妇人），讲述他生命由迷到悟的体验过程，最后写他如何修炼并逃离了苦海（跟随一僧一道得道升仙）。这个叙述脉络十分清晰，能清楚地看到东坡三生石故事对他的影响。《红楼梦》的批书人脂砚斋（有说是他的夫人，有说是他的情人，有说是他的叔叔——总之是他非常亲密的人）对三生石故事同样熟悉和喜爱，她（他）在第一回提到"三生石"的下面用红笔批注道：妙！所谓"三生石上旧精魂"也。

补天石

《红楼梦》最初的名字叫《石头记》，故事源于一块石头。这块石头本来是女娲炼就用于补天的，可是天补好了，这块石头却没派上用场，被丢弃在大荒山青埂峰下。石头自经女娲锻炼之后，灵性已通，渐渐忍受不住荒山野岭的孤独。恰逢一僧一道两位仙人路过，石头便哀求他们把自己带到人世，意欲享受一番人世间的荣耀繁华。后来，石头把它在人世间的故事刻在了自己的身上，这就是所谓的“石头记”了。补天石遗留在人世间以及石头通灵的奇思妙想，并不是雪芹的首创，早几百年前在东坡的诗文里就有底本，雪芹写石头是否得益于东坡的启示呢？

《红楼梦》又名《石头记》，故事是从一块石头说起的。第一回：

原来女娲氏炼石补天之时，于大荒山无稽崖炼成高经十二丈，方经二十四丈顽石三万六千五百零一块。娲皇氏只用了三万六千五百块，只单单剩了一块未用，便弃在此山青埂峰下。谁知此石自经煅炼之后，灵性已通，因见众石俱得补天，独自己无才不堪入选，遂自怨自叹，日夜悲号惭愧。

后来遇到了一僧一道，在石头的哀求下，这两位将他变成一块美玉，含在投胎转世的贾宝玉（神瑛侍者）口中，幻形来到人世，在“昌明隆盛之邦，诗礼簪缨之族，花柳繁华地，温柔富贵乡”中安身乐业。

女娲炼五色石补天属于上古的神话故事，《淮南子》《列子》《论衡》乃至于《史记》中都有记载。下面这段是《史记·补三皇本纪》记载：

水神共工造反，与火神祝融交战。共工被祝融打败，气得用头去撞世界的支柱不周山，导致天塌陷，天河之水注入人间。女娲不忍生灵受灾，炼出五色石补好天空，折神鳌之足撑四极，平洪水杀猛兽，万灵始得安居。

再看《论衡·谈天篇》的记载：

共工与颛顼争为天子不胜，怒而触不周山，使天柱折，地维绝。女娲炼五色石以补苍天，断鳌足以立四极。天不足西北，故日月星辰移焉，地不足东南，故百川注焉。

这几个版本的内容大同小异：天塌了，女娲炼五色石又把天补好了。神话故事到这里就结束了，谁也没提这世上还有女娲炼好没派上用场的石头。千百年后，再次把石头跟女娲联系在一起的，是我们民族伟大的诗人们，这里当然少不了最具想象力的苏东坡。看他写的这首诗《儋耳山》："突兀隘空虚，他山总不如。君看道旁石，尽是补天余。"所谓"补天余"，就是指女娲补天没用完的色彩斑斓的石头。

《红楼梦》书中还有石头通灵后与人对话的情节。这种事一般人认为匪夷所思，但是东坡的脑子里就有这样的故事，请看他写的这篇《咏怪石》："家有粗险石，植之疏竹轩。人皆喜寻玩，吾独思弃捐。以其无所用，晓夕空崭然……"

诗很长，大意是说：家里有一块长相很怪的石头，既不能用来做砚台也不能用来做石碑（一共列举了六无用），空占一块地方，于是就想把它扔了。谁知这是一块通灵石，它在夜间趁东坡做梦的时候过来跟他理论了一番。说你觉得我没用，可你说的那些"用"都是小用，而我却有大用，是那种可以名留青史的大用！接着石头就举了一堆例子，比如充贡赋、警骄君、抗击强秦等等，表现自己品质高尚，铁骨铮铮。东坡听了大为震惊且非常惭愧，再去看那怪石，不但不觉得丑，反而觉得它美得不可言状。于是，东坡就把与石头的对话写成诗抄在枕席的角上，时刻自警。

顺便说一下，百二十回《红楼梦》的刊本与八十回的脂砚斋钞本有一个很大的不同，是关于大荒山无稽崖下的那块通了灵的石头。刊本说它"因娲皇未用，却也落得逍遥自在，各处去游玩。一日，来到警幻仙子处，那仙子知他有些来历，因留他在赤霞宫居住，就名他为赤霞宫神瑛侍者。"意思是石头就是神瑛侍者，也即是后来的贾宝玉。而钞本不是这样。钞本是这么写的：

只因西方灵河岸上三生石畔，有绛珠草一株，时有赤瑕宫神瑛侍者日以甘露灌溉，这绛珠草始得久延岁月。后来既受天地精华，复得雨露滋养，遂得脱去草胎木质，得换人形，仅修成个女体，终日游于离恨天外，饥则食蜜青果为膳，渴则饮灌愁海水为汤。只因尚未酬报灌溉之德，故其五内便郁结着一段缠绵不尽之意。恰近日这神瑛侍者凡心偶炽，乘此昌明太平朝世，意欲下凡造历幻缘，已在警幻仙子案前挂了号。警幻亦曾问及，灌溉之情未偿，趁此倒可了结的。那绛珠仙子道：他是甘露之惠，我并无此水可还。他既下世为人，我也去下世为人，但把我一生所有的眼泪还他，也偿还得过他了。因此一事，就勾出多少风流冤家来，陪他们去了结此案。

下面一段是一僧一道的对话。

那道人道："趁此何不你我也去下世度脱几个，岂不是一场功德？"那僧道："正合吾意，你且同我到警幻仙子宫中，将蠢物交割清楚，待这一干风流孽鬼下世已完，你我再去。如今虽已有一半落尘，然犹未全集。"道人道："既如此，便随你去来。"

由此可见，僧人口中的"蠢物"是石头，神瑛侍者才是贾宝玉，石头夹在"一干风流孽鬼"中下世，成为贾宝玉落草时嘴里衔的那块玉。这两个版本的区别在于一个是《红楼梦》故事的参与者，一个是《红楼梦》故事的见证者。如果问哪个才是正确的，我认为是钞本，因为从逻辑上说，钞本可解，刊本不可解。这里仅举一个例子。

第二十二回，宝玉被马道婆施魔法魇住了，生死一线时，癞头和尚、跛足道人赶来搭救。贾政问他道友二人在哪庙里焚修，和尚说他是来治病的，让贾政把家里的"稀世奇珍"——宝玉娘胎里带来的玉石——拿出来，他给"持颂持颂"。贾政听说，便向宝玉项上取下那玉来递与他二人。那和尚接了过来，擎在掌上，长叹一声道："青埂峰一别，展眼已过十三载矣！人世光阴，如此迅速，尘缘满日，若似弹指！可羡你当时的那段好处。"

这段文字说得很清楚，与和尚、道人青埂峰一别十三载的石头不是躺在床上人事不省的贾宝玉，而是贾宝玉脖子上挂着的那块玉石。两个都被人称为"宝玉"，但他们来历不同。躺着的是神瑛侍者，挂着的是无稽崖的石头。神瑛侍者即贾宝玉，后来，他修炼成功，"尘缘满日"，就随那一僧一道巡游仙境去了。那块石头呢？它又回到了它的老家大荒山无稽崖青埂峰，只不过此时的它跟原先略有不同，身上多了一篇文字。不知过了几世几劫，有个访道求仙的空空道人把这篇文字抄录下来，问世传奇，世上遂有了一本叫《石头记》的书。石头生涯到此结束。

异石

宝玉的灵秀都来自他落草时衔下来的那块玉石，玉石丢了，宝玉的魂就没了。东坡的诗文传诵千古，据说也跟一块石头有关。那是他小时候自己从地下挖出来的一块石头，石头“如鱼，肤温莹，作浅碧色。表里皆细银星，扣之铿然”。东坡父亲苏老泉认为这是天意，预示东坡将来文章必独步天下。说来蹊跷，东坡一生频遭横祸，颠沛流离，抄家、下狱、贬谪什么都经历过，家里的东西都丢了，唯独这块被称为“异石”的石头，始终都在。

宝玉落草时嘴里衔下来一块玉，“大如雀卵，灿若明霞，莹润如酥，五色花纹缠护”，上面还镌着“通灵宝玉”以及“莫失莫忘”“仙寿恒昌”“一除邪祟、二疗冤疾、三知祸福”等篆文。娘胎里带出一块异石，全家自然十分惊异，宝玉即由此得名，一部《红楼梦》大书也就由此展开。

东坡也有一块异石，当然不是娘胎里带出来的，是他从自家的院子里挖出来的。据东坡《天石砚铭》记载，在他十二岁的时候，与小伙伴在眉州老家的院子里“凿地为戏”，就是挖土玩儿，发现一块异石，“如鱼，肤温莹，作浅碧色。表里皆细银星，扣之铿然”。他父亲苏老泉仔细端详后说这是一块天砚，天然的砚石，你能得到是吉兆，将来文章必大有成就。老泉视这块异石为宝物，亲自动手做了一个匣子，小心地把这块异石珍藏起来。很多年后，东坡因“乌台诗案”获罪下狱，被抄家，被贬谪，东奔西走，颠沛流离，家中之物损失大半，而这块异石却奇迹般地保留了下来。东坡特为这块异石作了一篇铭文，还把有关异石的这段故事记录下来，一同传给子孙。

雪芹《红楼梦》关于石头的描写，多多少少能看到东坡异石的影子。如第一回写到和尚大施佛法要把石头变成宝物，书中说“那僧便念咒书符，大展幻术，将一块大石登时变成一块鲜明莹洁的美玉，且又缩成扇坠大小的可佩可拿”。在这一行的下面有脂砚斋的一条批语：“奇诡险怪之文，有如髯苏《石钟》《赤壁》用幻处。”髯苏即东坡。

仙姑

宝玉梦游太虚幻境，遇到一位自称警幻的仙姑。仙姑给他喝了“千红一窟”茶、“万艳同杯”酒，给他看了“金陵十二钗”命运图册，还带他观赏了《红楼梦曲子》。东坡有《仙姑》《仙姑问答》几篇文章，言自己做梦遇到仙姑的事。那位仙姑跟警幻一样，也透露了一些关于他命运的细节，最后也唱了一堆曲子给他听。虽然此仙姑非彼仙姑，但认真分析，两个仙姑之间似乎有许多暗合的地方。

第五回，宝玉在秦可卿卧房睡觉。书中说，宝玉刚合上眼，便惚惚地睡去，犹似秦氏在前，遂悠悠荡荡，随了秦氏，至一所在。但见朱栏白石，绿树清溪，真是人迹希逢，飞尘不到。宝玉在梦中欢喜，想道：“这个去处有趣，我就在这里过一生，纵然失了家也愿意，强如天天被父母师傅打呢。”正胡思之间，忽听山后有人作歌曰：

春梦随云散，飞花逐水流，寄言众儿女，何必觅闲愁。

宝玉听了是女子的声音。歌声未息，早见那边走出一个人来，蹁跹袅娜，端的与人不同。“走出一个人来”，又“端的与人不同”，谁呀？是个仙姑。书中说，宝玉见是一个仙姑，喜得忙来作揖问道：“仙姑姐姐不知从哪里来，如今要往哪里去？也不知这是何处，望乞携带携带。”那仙姑笑道：“吾居离恨天之上，灌愁海之中，乃放春山遣香洞太虚幻境警幻仙姑是也。”接下来仙姑就带着宝玉在太虚幻境游历了一番。

说到仙姑，东坡也曾经遇到过一位。那时他正被贬在黄州，心情苦闷。

一日，一位自称是天上冥司专门负责人间事物的仙姑来看他。仙姑先夸赞东坡“刀笔冠天下，文章烂寰宇”，然后透露了一个消息，说他目前遭受贬谪只是暂时的，日后还会得到皇帝的重用。东坡问她：“我不想当官了，就想做一个黄州普通老百姓，可以吗？”仙姑笑了，随口吟出一偈：“朝廷方欲强搜罗，肯使贤侯此地歌？只待修成云路稳，皇书一纸下天河。”意思是朝廷正缺人手，您这么想，朝廷肯定不乐意。东坡又问：“我想买一块田种地过日子，这件事可以吗？”仙姑说：“您堂堂一个大学士，置办个田庄还不是小意思吗？只是道路无两头，您从何处下脚呀？”东坡有点懵，那时候他还不是翰林学士，仙姑这话是什么意思？所谓“道路无两头”，这是在参禅打哑谜呀！仙姑接着又吟了四句诗：“蜀国先生道路长，不曾插手细思量。枯鱼尚有神仙去，自是凡心未灭亡。”后面又唱《谢腊茶》歌：“陆羽茶经一品香，当初亲受向明王。如今复有苏夫子，分我花盆美味尝。”下面还有《谢张承议惠香》《赠世人》《赠王奉职》《琴歌》等等。要问东坡听懂了没有？他没说，咱们也不知道。知道的是，东坡回到家后，把仙姑的这些曲子和诗原原本本地抄录了下来，还专门写了一篇《仙姑问答》，收在自己的集子里。

东坡遇到了一个仙姑，宝玉也遇到了一个仙姑；仙姑都唱了一堆曲子，曲子的内容都在可解与不可解之间……

梦坡斋

贾政睡觉休息的地方叫“梦坡斋”。脂砚斋在“梦坡斋”下批语道：“妙！梦遇坡仙之处也。使人起遐思。”坡仙就是指东坡。书中提到东坡处都称“坡仙”。如宝玉咏螃蟹的诗，其中就有“原为世人美口腹，坡仙曾笑一生忙”的句子。梦遇东坡是《红楼梦》的梦中梦，是一部书的大关节，是提醒读者此书与东坡有关，贾政的儿子宝玉与东坡有关。

第八回，宝玉想起近日薛宝钗在家养病，未去亲候，意欲去望她一望。若从上房后角门过去，有空会遇见别事缠绕，再或可巧遇见他父亲，更为不妥，宁可绕远路罢了。当下众嬷嬷丫鬟伺候他换衣服，见他不换，仍出二门去了，众嬷嬷丫鬟只得跟随出来，还只当他去那府中看戏。谁知到穿堂，变向东向北绕厅后而去。偏顶头遇见了门下清客相公詹光、单聘仁二人走来，一见了宝玉，便都笑着赶上来，一个抱住腰，一个携着手，都道：“我的菩萨哥儿，我说做了好梦呢，好容易得遇见了你。”说着，请了安，又问好，唠叨半日，方才走开。老嬷嬷叫住，因问：“二位爷是从老爷跟前来的不是？”二人点头道：“老爷在梦坡斋小书房里歇中觉呢，不妨事的。”一面说，一面走了。

在“梦坡斋”三个字下面，雪芹著书的合作者也是批书人脂砚斋用红笔批道：“妙！梦遇坡仙之处也。”在不同的版本上，批语的内容稍有不同。上面说的是甲辰本，而甲戌本的批语是：“使人起遐思。妙。梦遇坡之处也。”回想《红楼梦》开篇讲旨意（又称凡例）时，雪芹写道：“此回中凡用梦用幻等字，是提醒阅者眼目，亦是此书立意本旨。”贾政的住所取名梦坡斋，就是梦遇东坡之斋，为什么？这里用了“梦”字，脂砚斋不止一次提醒阅者注意书中有“梦”之处，看到这里，我们能不起“遐思”吗？

贾政何许人也？纵观全书，那是一个貌似忠厚、无德无能、一本正经、无情无趣、不会理家、不会理财、不会理儿孙、不会理女人的人，是雪芹最厌恶的酸儒、腐儒之代表，把东坡的大名和他联系在一起，究竟是什么意思？

其实，中国古人所说的做梦，很多梦并不是应验在自己身上，它会应验在自己即将坐胎或分娩的那个孩子身上。比如大家都知道的汉高祖刘邦，传说他母亲在怀他的时候梦见了一条神龙，结果后来他就当了皇帝。另外，据传说，东坡也是他母亲梦见一个和尚进门之后而降生的。雪芹以“梦”为自己的著作命名，从一个侧面反映出这些传说对他的影响。既然贾政跟东坡不搭界，而他的住所却又叫作“梦坡斋”，那合理的解释只能是他“梦遇坡仙”之后生的那个儿子跟东坡搭界。当然，这个儿子不会是贾环，他一定是宝玉，这位《红楼梦》的主人公。

看到这里，可能有人会提出一个问题，梦坡斋是贾政的卧房还是书房？如果是书房，歇个中觉还可以，即便做梦，那也是白日梦，跟生儿子有关系吗？其实，在《红楼梦》中，“斋”的含义很广，可以是书房，可以是住所，也可以是宅院。大观园中，宝玉住的是怡红院，黛玉住的是潇湘馆，宝钗住的是蘅芜苑，而探春住宅的名字就叫秋爽斋。书中说“梦坡斋小书房”，既可以理解为“叫作梦坡斋的小书房”，又可以理解为“梦坡斋住所里的小书房”。卧房也好书房也罢，总之，“梦坡斋”是一个贾政睡觉休息的地方。

说了半天，这些都不重要，重要的是雪芹在这里提醒我们，千万注意，这部书可能跟东坡有关系！“坡”前面加“梦”有两个意思，一个是前面已经说过的跟“立意”有关系，另一个是告诉你，这种关系他不会明说，因为那样就不叫“梦”了，就不好玩了，就不是大手笔了。看《红楼梦》，看见《易》、看见“淫”、看见“缠绵”、看见“排满”、看见“宫闱”（鲁迅先生评价《红楼梦》：经学家看见《易》，道学家看见淫，才子看见缠绵，革命家看见排满，流言家看见宫闱秘事），这些都不算什么，能看见“东坡”，可能才称得上是会看书的人。

高僧转世

宝玉是由西方赤瑕宫神瑛侍者转世而来。侍者，是佛教用语，指层级较低的和尚。因此，宝玉的前世是和尚。据说东坡的前世也是和尚，他的前世是黄梅五祖寺的戒大和尚。宋人笔记上这么说，东坡自己也这么说。杭州有个寿星寺，东坡初到杭州就去那里游玩，一进山门就说，这地方他前世来过，连忏堂前有几级台阶都还记得。类似这样的记录，在《东坡文集》中多次出现。后世之人也大多相信东坡是和尚转世。

《红楼梦》故事始自“西方灵河岸上三生石畔”。三生，即前生、今生和来生。贾宝玉的前生是西方赤瑕宫的神瑛侍者，今生是贾府荣国公的嫡孙，来生则是一个通神的和尚。所谓西方，指佛教中的极乐世界；所谓侍者，指佛门中侍候长老的随从僧徒。东坡《论高丽第一状》中提到这个称呼：“高丽僧统义天手下侍者僧寿介……”因此，贾宝玉是从和尚转世，再从世人转和尚，只不过此和尚非彼和尚，这个和尚已经在尘世中修炼完毕，成了一个有神通可以在天地间自由遨游的仙人。

三生石出自《僧圆泽传》，是东坡改写唐人的一个传奇故事。袁中道在他的《次苏子瞻先后事》中说：“苏子瞻，亦字和仲。仁宗景祐丙子，母梦一僧入堂而生，智慧夙成。”东坡自己也认为他是和尚转世而来的。东坡说：“我本修行人，三世积精炼。中间一念失，受此百年谴。(《南华寺》)”他一生遍访佛道名山，结交僧道朋友无数，留下许多与和尚、道士有关的轶事。

东坡生活在北宋，宋人有记笔记的习惯，其中好几部笔记都提到东坡是和尚转世这个传说。下面选一个《冷斋夜话》里的故事。

某年某月某日，东坡的弟弟苏辙与另外两个禅师同游高安。当天夜里，苏辙梦见自己出城去迎接五祖寺的戒禅师。醒后苏辙把这个梦说给同伴，没想到那两位禅师也说做了同样的梦。几个人正纳闷，忽然接到了东坡的信，说他马上到高安。苏辙三人出城迎东坡并把昨夜的梦讲给他听。东坡听完笑着说："我小时候经常梦见自己是个出家人，往来于陕佑地区。母亲怀孕时也曾梦见一个僧人前来托梦。那僧人风采俊朗，却瞎了一只眼。"东坡说到这，一旁的禅师惊呼道："五祖戒禅师就是陕佑人啊！他也瞎了一只眼。他曾游化于高安，圆寂于大遇，算起来有五十年了。东坡先生今年恰好四十九岁，您定是戒禅师后身无疑！"

再选一个《春渚纪闻》里的故事。

东坡在杭州时曾与僧友参寥一起游西湖边上的寿星寺。东坡对参寥说："我平生从没有来过这里，但眼前所见好像都曾亲身经历过。从这里到忏堂，应该有九十二级台阶。"参寥一数果然是。东坡说："我前世是山中的僧人，曾经在这里修行。"

其他还有很多东坡是和尚转世的故事。如果说宋人笔记多少会有夸张和不实之处，那我们就看一看东坡自己是怎么说的吧。

东坡《僧伽何国人》记载，在惠州的某一天，太守方子容来告知东坡被朝廷再贬儋州的消息。方子容还神秘地说，他信佛的妻子曾经做了一个梦，梦到佛门大师僧伽和尚跟她说，七十二天后要与苏子瞻一同出个远门，而当天正好是他妻子做梦后的第七十二天。东坡听完感慨道：僧伽大和尚陪我同行，看来我前世真是一个和尚！

再看东坡写的一首诗《和张子野见寄三绝句・过旧游》："前生我已到杭州，到处长如到处游。更欲洞霄为隐吏，一庵闲地且相留。"

诗中所言即是前面提到的寿星寺的事。东坡后来在《答陈师仲主簿书》中对这首诗作过解释。他说："一岁率常四五梦至西湖上，此殆世俗所谓前缘者。在杭州尝游寿星院，入门便悟曾到，能言其院后堂殿山石处，故诗中尝有前生已到之语。"

这可不是别人编的故事，是东坡自己说的，言之凿凿，容不得你不信。

木居士

通常人们会有这种印象，即一旦堕入迷津，将万劫不复。其实，雪芹在《红楼梦》里不是这么说的，他还是给堕入迷津的人指出了一条出路的。所谓出路，就是说你若想逃离迷津，必得先跟一个叫“木居士”的人结缘。因为迷津中只有一个木筏可渡，而掌舵的那个人就是木居士。与木居士结缘不能靠金钱，要靠修炼出来的悟性。天底下最有名的居士是谁？当然是东坡。东坡姓苏名轼，轼就是车前的横木。木居士有可能就是东坡居士。

第五回，宝玉神游太虚幻境。在仙姑警幻的引导下，宝玉看了金陵十二钗的册子，喝了“千红一窟（千红一哭）”茶、“万艳同杯（万艳同悲）”酒，又观赏了《红楼梦》十二支曲子的歌舞表演。警幻见宝玉甚无趣味，遂送他至一香闺绣阁之中，其间铺陈之盛，乃素所未见之物。更可骇者，早有一位女子在内，其鲜艳妩媚，有似乎宝钗，风流袅娜，则又如黛玉。警幻对宝玉说：“吾不忍君独为我闺阁增光，见弃于世道，是以特引前来，醉以灵酒，沁以仙茗，警以妙曲，再将吾妹一人，乳名兼美字可卿者，许配于汝。”说毕便秘授以云雨之事，推宝玉入房，将门掩上自去。

与可卿云雨之后，二人难解难分。在携手出去游玩之时，忽至一个所在，但见荆榛遍地，狼虎同群，迎面一道黑溪阻路，并无桥梁可通。正在犹豫之间，忽见警幻后面追来，告道：“快休前进，作速回头要紧！”宝玉忙止步问道：“此系何处？”警幻道：“此即迷津也。深有万丈，遥亘千里，中无舟楫可通，只有一个木筏，乃木居士掌舵，灰侍者撑篙，不受金银之谢，但遇有缘者渡之。今尔偶游至此，设如堕落其中，则深负我从前谆谆警戒之语矣。”话犹未了，只见迷津内水响如雷，竟有许多夜叉海鬼将宝玉拖将下去。吓得宝玉汗下如雨，一面失声喊叫：“可卿救我！”

堕落迷津不可自救，只有遇到“木居士”“灰侍者”才有一线希望，前提是你得和他有缘。这是《红楼梦》所要表述的核心思想。那么，“木居士”“灰侍者”是谁呢？就一些中国人而言，天底下古往今来最有名的居士当然是大宋年间的那位东坡居士。东坡居士大名苏轼。轼，古代马车车厢前面用作扶手的横木，轼就是木，轼居士就是木居士；木头燃烧成烬就是灰，轼与侍同音，木与灰相连，因此“灰侍者”也是指苏轼。书中说“木居士掌舵，灰侍者撑篙”，是从两个方向让你看清楚木筏上的状况，而这两个方向所指的是同一个人，那应该就是东坡吧。

上面仅是字面的解释，其实主要还不是在字面，雪芹说“木”“灰”是有很深的思想内涵的。《庄子·齐物论》有一段话：“形固可使如槁木，而心可使如死灰乎？”翻译过来就是：人的形体还可以使它像枯槁的木头一样，难道心灵可以使它像灰烬一样吗？庄子这里讲的不是一个人的自然状态，他讲的是人生修炼的境界。参透了这个境界，才算是活明白了。就这一点来说，庄子与《红楼梦》表达的是同一个意思。那么，在雪芹心中，谁是人生参悟最好的人呢？当然是东坡。我们来看一下东坡晚年的这首《自题金山画像》：

心似已灰之木，身如不系之舟。问汝平生功业，黄州惠州儋州。

不是有人问“难道心灵可以像灰烬一样”吗？东坡告诉你，可以，我此刻就是这样。他用坎坷的一生换来了对生命意义的了悟。警幻仙姑告诉宝玉，其实也是雪芹告诉世人，你必须修炼到“心似已灰之木”的境界，才算够标准，才算与“木居士”“灰侍者”有缘，也即是与东坡有缘，才能在他的引导下渡过迷津，最终逃离苦海。

第三章
男主角宝玉

两个主角

《红楼梦》的男女主角，绝大多数的人会说是宝玉与黛玉，也有人说是宝玉与宝钗。他们说这两对一个叫“木石前盟”，一个叫“金玉良缘”。但是细看文本，书中并无一处提到过“盟”，所谓“缘”也不是真有缘，是人为的、硬编造出来的。真正“天生的一对”是宝玉与湘云。雪芹用“海棠”“金麒麟”喻示他们之间的关系以及最后的归宿。海棠是纽带，麒麟是象征。这两个意象都来自东坡。

就一般读者而言，《红楼梦》书中似乎讲了两个姻缘，一个是木石姻缘，一个是金玉姻缘。木石姻缘指宝玉与黛玉，金玉姻缘指宝玉与宝钗。黛玉、宝钗自然都乐意作女主角，可是，作为男主角的宝玉，他对这两个姻缘是什么态度呢？在红楼梦十二支曲子之一《终身误》中，开头是这样写的：“都道是金玉良缘，俺只念木石前盟。”在第三十六回“绣鸳鸯梦兆绛芸轩”中，宝玉梦中喊骂说：“和尚道士的话如何信得？什么是金玉姻缘，我偏说是木石姻缘！”书中这样写，仿佛宝玉有厌“金石”喜“木石”之意，而后来宝玉成婚却证明“金石”才是姻缘。这到底是怎么回事？其实，照雪芹的意思，没有什么“木石前盟”，也没有什么“金玉良缘”，有的只是金麒麟串起的因缘。下面分头叙说。

一、木石前盟

所谓“盟”，叩头结拜、宣誓缔约叫盟。宝玉、黛玉前世有盟吗？我们知道，宝玉、黛玉的前身是神瑛侍者和绛珠仙草。书中第一回说："只因西方灵河岸上三生石畔，有绛珠草一株，时有赤瑕宫神瑛侍者日以甘露灌溉，这绛珠草始得久延岁月。后来既受天地精华，复得雨露滋养，遂得脱却草胎木质，得换人形，仅修成个女体，终日游于离恨天外，饥则食蜜青果为膳，渴则饮灌愁海水为汤。只因尚未酬报灌溉之德，故其五内便郁结着一段缠绵不尽之意。恰近日这神瑛侍者凡心偶炽，乘此昌明太平朝世，意欲下凡造历幻缘，已在警幻仙子案前挂了号。警幻亦曾问及，灌溉之情未偿，趁此倒可了结的。那绛珠仙子道：'他是甘露之惠，我并无此水可还。他既下世为人，我也去下世为人，但把我一生所有的眼泪还他，也偿还得过他了。'因此一事，就勾出多少风流冤家来，陪他们去了结此案。"雪芹在这里说得很清楚，绛珠仙子要跟着神瑛侍者下凡，用眼泪来报恩，是她自己的主意，属于一厢情愿，神瑛侍者并不知情，何"盟"之有?

二、金玉良缘

说宝钗与宝玉是金玉良缘，起因是宝钗有个金项圈，项圈上的两句话与宝玉落草时衔着的那块玉正好配上。项圈上面的两句话是：不离不弃，芳龄永继。玉上面的两句话是：莫失莫忘，仙寿恒昌。书中说，宝玉去梨香院看望宝钗，聊天时，说到了宝玉身上的那块玉，宝钗因笑说道："成日家说你的这玉，究竟未曾细细的赏鉴，我今儿倒要瞧瞧。"她一面瞧那块玉，一面念出上边錾的字。一旁的丫鬟莺儿听了，笑嘻嘻地说："我听这两句话，倒像和姑娘的项圈上的两句话是一对。"宝玉听到这话，闹着也要瞧瞧宝钗的项圈。宝钗被缠不过，因说道："也是个人给了两句吉利话儿，所以錾上了，叫天天带着，不然，沉甸甸的有什么趣儿。"宝玉看后说："姐姐这八个字倒真与我的是一对。"莺儿笑道："是个癞头和尚送的，他说必须錾在金器上。"雪芹写这一段书极为用心，读者稍不留意，就漏过了重要信息。看这两句：宝钗说"也是个人给了两句吉利话儿，所以錾上了"，后面莺儿又补充道"是个癞头和尚送的，他说必须錾在金器上"。雪芹的意思很清楚，宝钗从癞头和尚那里得的仅是"两句吉利话儿"，不是金项圈；金项圈是薛家自己买的，然后请人把那几个字给錾在了上面。雪芹在第二十八回写了这样一段话："薛宝钗因往日母亲对王夫人等曾提过'金锁是个和尚给的，等日后有玉的方可结为婚姻'等语，所以总远着宝玉。"这就更清楚了。《红楼梦》书中的癞头和尚不是一般的和尚，他是个仙人，代表着天意。宝钗的金项圈不是癞头和尚送的，也即是说所谓上天安排的"金玉良缘"纯属子虚乌有，是人为制造的，而这个"人"，就是宝钗的母亲——薛姨妈。

三、金麒麟因缘

既然《红楼梦》中没有"木石姻缘"，也没有"金玉姻缘"，那我们就说一说"金麒麟因缘"吧。注意，此处说的是"因缘"，不是"姻缘"。姻缘单指结婚的缘分，因缘则是泛指一种联系，而这种联系将产生结果。金麒麟因缘是书中的重点，关乎故事的发展和人物的结局。那么，雪芹是怎么写金麒麟因缘的呢？要说麒麟，得先从海棠开始。

我们知道，宝玉在大观园的住处叫怡红院。你知道怡红院中的那个"红"指的是什么吗？书中第十七回"会芳园试才题对额"有交代。书中说，那一日贾政带着宝玉还有众清客闲逛大观园，来到一个院子（即怡红院。那时候刚建成，还没有取名字）。"一入门，两边都是游廊相接。院中点衬几块山石，一边种着数本芭蕉，那一边乃是一棵西府海棠，其势若伞，丝垂翠缕，葩吐丹砂。"贾政请大家"想几个新鲜字"来题。宝玉说："此处蕉棠两植，其意暗蓄'红''绿'二字在内。"宝玉给出的题字是"红香绿玉"。后来元妃省亲，她把"绿"去了，单留一个"红"，命名为"怡红院"。红，是海棠红。宝玉又称"怡红公子"，那个"红"当然也是海棠红。

在《红楼梦》中，以花比人是写作上的一大特色，如牡丹比宝钗，芙蓉比黛玉，而海棠比的就是湘云。有趣的是，湘云的"海棠"与宝玉的"海棠"二者存在着一种特殊的关系，中间有个人暗中为他们牵手。这个人是谁呢？是东坡。书中说，湘云在"占花名"时抽中了海棠签，上面有一句诗："只恐夜深花睡去"，宝玉自题怡红院用的诗句是"红妆夜未眠"，这两句诗都出自东坡的那首《海棠》，只不过一个是照搬，一个是化用罢了。东坡《海棠》诗原文是："东风袅袅泛崇光，香雾空蒙月转廊。只恐夜深花睡去，故烧高烛照红妆。"因东坡爱海棠，雪芹就把海棠用来比喻湘云，还用海棠作为宝玉与湘云联系的媒介。

说完海棠，下面就该说说金麒麟了。红楼故事中，宝玉和湘云二人各有一个金麒麟，湘云那只来历不明，是原本就带着的；宝玉那只交待得很清楚，是从“大幻仙人”张道士那里得来的，中间丢过一次，又被湘云捡到了。这两个金麒麟不是从一处来，却偏偏是一对，即一大一小，一阴一阳。首先点明这层关系的是跟在湘云身边的丫鬟，翠缕。书中说，湘云与翠缕在园子里看见宝玉丢的那只金麒麟，翠缕上前拾起来，攥在手中，笑道：“可分出阴阳来了。”意思是见到这只麒麟才知道阴麒麟和阳麒麟各是什么样子。湘云那只是阴，她手里攥着的这只是阳。（附带说一句：湘云的丫鬟叫翠缕，翠缕这两个字是不是有点眼熟？还记得雪芹是怎么形容怡红院那棵海棠的吗？“其势若伞，丝垂翠缕，葩吐丹砂。”这下就清楚了，原来，湘云丫鬟的名字也与海棠有关。更神奇的是，这个名字同样来自东坡。东坡《点绛唇》其中一句是：“柳含烟翠拖轻缕”。不得不说，为了表明宝玉与湘云的关系，为了暗示东坡的存在，雪芹真是下了大功夫！）接下来，书中写道：“湘云（将金麒麟）擎在掌上，只是默默不语，正自出神。”湘云一向快人快语，写她不说话，“默默不语”，实在难得。其实，雪芹写湘云的这一刻停顿，是为了给读者留下一个想象的空间，你越不说读者越想知道：这一对金麒麟，或者说它们所代表的宝玉和湘云，后面究竟会有怎样的故事？

由海棠到金麒麟，湘云与宝玉之间的特殊关系一点点显现。金麒麟实际埋伏着一个大故事，而这个故事也与东坡有关。

《红楼梦》书中，雪芹把宝玉与湘云比作东坡与朝云。湘云的形象全按东坡的审美来设计，言谈举止都能在东坡那里找到依据。宝玉的情况有点复杂，这里有必要多说几句。在雪芹心目中，人生的路分“闺阁”与“世道”两种，他在书中第五回借警幻仙姑之口表达了这个意思。书中的警幻仙姑对宝玉说：“汝今独得此（意淫）二字，在闺阁中，固可为良友，然于世道中未免迂阔怪诡，百口嘲谤，万目睚眦。今既遇令祖宁荣二公剖腹深嘱，吾不忍君独为我闺阁增光，见弃于世道。”宝玉厌恶仕途，厌恶为科举而读书，爱扎在女孩子堆里，是“闺阁”良友。警幻这里受宁荣二公之托规劝宝玉，就是让他弃“闺阁”而入“仕途”。如果说“闺阁”之路的代表是宝玉，那“世道”之路的代表就是东坡。东坡读书、科举、金榜题名，无论居庙堂之上抑或处江湖之远，都成绩斐然，名满天下。贾府上下都希望宝玉能成为东坡那样的人。但是，宝玉与东坡也有相通的地方。他们都秀慧聪明，都心地善良，都喜欢庄子，都有领悟佛法的慧根，都有众生平等的慈悲心。他们虽然走的路不同，但都经历了深刻的人生体验。东坡经历的是一个仕途之人可能经历的种种喜怒哀乐，有春风得意、踌躇满志的顺境，也有遭受排斥、被贬荒岛、甚至坐牢生死一线的困境。宝玉早期经历的是富贵荣华，见识过最豪华的排场，接触过最优秀的女孩子们，最后大厦倾覆，过上了忍饥受冻的流浪生活。东坡与宝玉经过磨难，最后都看清楚了这个世界的真实面目（这是雪芹得出的结论），都感叹“人生如梦”，都有“乘风归去”逃离红尘的念想。雪芹在《红楼梦》书中，似乎有明写宝玉，暗寓东坡，让宝玉继承东坡的人品，而将东坡的故事散落在书中的各个角落。宝玉可以明写，因为写他可以打着“家庭闺阁琐事以及闲情诗词”的幌子瞒骗世人的眼目；而东坡不能明写，因为在雪芹看来，东坡是“世道”中好人的代表，这样好的人还要遭受那么多的磨难，说明世道不好。如果照这样写，那就真成了风险巨大的“伤时骂世”之作了，所以要把东坡“隐”起来，让表面上的“闺阁琐事”掩盖真实的“伤时骂世”，这即是“甄士隐（真事隐）的由来”。

接着说金麒麟。雪芹认为，东坡与他所爱的朝云是一对神仙伴侣，宝玉与湘云也是。宝玉与湘云的结局应该是二人修道成仙、远离尘世、携手徜徉于仙山琼阁之中，亦如东坡与朝云。东坡有诗赠朝云：“丹成随我三山去，不作巫山云雨仙。(《朝云诗》)”三山，指蓬莱、瀛洲、方丈三座仙山。仙山在天上，怎么去呢？东坡想到了麒麟。他在另一首诗中说：“终须跨个玉麒麟，方丈蓬莱走一巡。(《献寿》)”东坡把麒麟当作可以通天的神兽，雪芹继承了东坡的想象，《红楼梦》因此就有了金麒麟的故事。

由此可以看出，《红楼梦》真正的主角是宝玉和湘云。雪芹之所以用金麒麟把宝玉和湘云联在一起，是为表明他们俩的缘分与其他人不同。他们之间是一种仙缘（元妃省亲时点了四出戏，其中就有《仙缘》。脂砚斋批语说“所点之戏剧伏四事，乃通部书之大过节、大关键”），这种仙缘让他们最终结为了神仙伴侣，而非世俗人凑在一起过日子的“夫妻”。雪芹留下这么多重要的伏脉，推想宝玉与湘云的故事在八十回后将迎来高潮，可惜，雪芹的原笔我们看不到了。

善读书

宝玉给黛玉起外号，引经据典。其实，这个“经”和“典”上面应该加引号，即所谓的“经典”，实际上根本不存在。宝玉这一套本事是从师傅那儿学来的，他师傅的名字叫东坡。当年东坡在京城考进士，题目是《刑赏忠厚之至论》，为了论证自己的观点，他生编了一个尧与皋陶的典故，不仅瞒过了梅尧臣，连欧阳修也没看出来。这两位可都是一代大儒啊！考试结束后，欧阳修不但没责备他，反而夸他会读书，善读书，还说将来的文坛领袖非他莫属。

第三回，黛玉与宝玉初次见面，宝玉笑道：“这个妹妹我曾见过的。”贾母笑他胡说。宝玉问黛玉可曾读书，又问她尊名是哪两个字。黛玉便说了名。宝玉又问表字，黛玉说没有表字。宝玉笑道：“我送妹妹一妙字，莫若‘颦颦’二字极妙。”探春便问何出。宝玉道：“《古今人物通考》上说：‘西方有石名黛，可代画眉之墨。’况这林妹妹眉尖若蹙，用取这两个字，岂不两妙！”探春笑道：“只恐又是你的杜撰。”宝玉笑道：“除《四书》外，杜撰的太多，偏只我是杜撰不成？”

宝玉说的没错，历史上杜撰的事很多。东坡就“杜撰”过一回。

东坡二十一岁那年进京城考进士。考题是《刑赏忠厚之至论》。那时候写文章讲究用典，表示你读书多，能应用。东坡就在自己的论文中“引用”了尧时代的一则故事。他说：“当尧之时，皋陶为士，将杀人，皋陶曰‘杀’之三，尧曰‘宥’之三，故天下畏皋陶执法之坚，而乐尧用刑之宽。（大意是：在尧帝的时候，皋陶为司法官，有个人犯了罪，皋陶连说三次杀了他，而尧帝连说三次赦免他。老百姓对严厉执法的皋陶很畏惧，对仁厚的尧帝很感恩。）”东坡用这样一个“典故”来论述赏与罚的关系，即可赏可不赏的时候，要选择赏，可罚可不罚的时候，就不要罚。赏重了仍不失为君子，而罚重了则流于残忍。忠厚仁爱之心要体现在“爱民之深，忧民之切”上。

当时的考官是梅尧臣，北宋文坛赫赫有名的人物；主考官欧阳修，更是文坛的一代领袖。这两人看了东坡的文章全都击掌叫好。叫好归叫好，其实两个人心里都有一个小嘀咕：皋陶这件事我怎么不知道啊？到底是出自哪本书上的呀？梅尧臣没说，他怕欧阳修笑他读书少；欧阳修也没问，他也怕梅尧臣笑话他。等到殿试结束，东坡高中进士，依惯例到考官府上登门拜师的时候，欧阳修还没忘记这件事。他问东坡文章中的皋陶典出于何书，东坡没直接回答，他先给欧阳修讲了一个故事。东坡说，在曹操灭了袁绍之后，曹操把袁绍的儿媳妇赏给了曹丕。孔融对此不满。有一天孔融借着聊天跟曹操说，当年武王灭了商纣，他竟然把商纣的宠妃妲己赏赐给了自己的弟弟周公。曹操很诧异，说还有这事？问孔融是从哪本书上看到的。孔融说，书上没有，我是从现实推测出来的，是“想当然”。东坡讲完故事接着对欧阳修说：“尧帝和皋陶，一个仁厚一个严苛，在使用刑罚的问题上，我觉得他们一定会那样做。我这也是‘想当然’。”

欧阳修听完，大为感叹，心说你个苏轼苏子瞻，用典故无出处，编造典故倒是有根有据的，了不起！欧阳修是爱才之人，这件事他后来多次对人提起过，说东坡“此人可谓善读书，善用书，他日文章必独步天下”。还对梅尧臣说：“读轼书，不觉汗出。快哉！快哉！老夫当避此人，放出一头地也。”欧阳修预言，三十年后，文坛新一代领袖，必定是这个“善读书”的年轻人。

说完东坡，再回看宝玉。宝玉杜撰典故不止上面那一次。看第十九回。那天宝玉去找黛玉聊天，黛玉躺在床上，用手帕子盖上脸，似睡非睡，不爱搭理他。书中说，宝玉怕黛玉睡出病来，便哄他道：“嗳呦！你们扬州衙门里有一件大故事，你可知道？”黛玉见他说得郑重，且又正言厉色，只当是真事，因问：“什么事？”宝玉见问，便忍着笑顺口诌道：“扬州有一座黛山。山上有个林子洞。”黛玉笑道：“就是扯谎，自来也没听见这山。”宝玉道：“天下山水多着呢，你哪里知道这些不成。等我说完了，你再批评。”黛玉道：“你且说。”宝玉接下来给黛玉讲了一个小耗子变香芋的故事。黛玉听了，翻身爬起来，按着宝玉笑道：“我把你烂了嘴的！我就知道你是编我呢。”说着，便拧得宝玉连连央告，说：“好妹妹，饶我吧，再不敢了！我因为闻你香，忽然想起这个故典来。”黛玉笑道：“饶骂了人，还说是故典呢。”

你看，东坡与宝玉，两人“想当然”地杜撰典故，杜撰完还振振有词，那声口是多么一致啊！

慈悲心

许多人把《红楼梦》当作佛经来读，说宝玉有佛性，天生一颗慈悲的心。这一点与东坡很相像。九百多年来，历朝历代的百姓都喜爱东坡，东坡这两个字带给人温暖，为什么？因为他才华横溢？当然，但这仅是其中的一个方面；因为他政绩斐然？当然，但这也仅是其中的一个方面。老百姓喜爱东坡，最最重要的原因是，在东坡的身上始终能看到人性的光辉。他身上的这种特质用佛家的语言来说，就是慈悲心。

第三十回，书中说，宝玉进大观园，见一个女孩子蹲在花下，手里拿着根绾头的簪子在地下抠土，一面悄悄地流泪。宝玉心想："这女孩子一定有什么话说不出来的大心事，才这样个形景。外面既是这个形景，心里不知怎么熬煎。看他的模样这样单薄，心里哪里还搁得住熬煎。可恨我不能替你分些过来。"伏中阴晴不定，片云可以至雨，忽一阵凉风过了，唰唰地落下一阵雨来。宝玉看着那女子头上滴下水来，纱衣裳登时湿了。宝玉想道："这时下雨，她这个身子，如何禁得骤雨一激！"因此禁不住便说道："不用写了。你看下大雨，身上都湿了。"那女孩子听说倒唬了一跳，抬头一看，只见花外一个人叫他不要写了，下大雨了。一则宝玉脸面俊秀，二则花叶繁茂，上下俱被枝叶隐住，刚露着半边脸，那女孩只当是个丫头，再不想是宝玉，因笑道："多谢姐姐提醒了我。难道姐姐在外头有什么遮雨的？"一句提醒了宝玉，"嗳哟"了一声，才觉得浑身冰凉。低头一看，自己身上也都湿了。说声“不好”，只得一气跑回怡红院去了，心里却还记挂着那女孩子没处避雨。

再看第三十五回。王夫人的丫鬟玉钏儿见有客人来了，也不和宝玉厮闹了，手里端着汤只顾听话。宝玉又只顾和婆子说话，一面吃饭，一面伸手去要汤。两个人的眼睛都看着人，不想伸猛了手，便将碗碰翻，将汤泼在了宝玉手上。玉钏儿倒不曾烫着，唬了一跳，忙笑了，“这是怎么说！”慌得丫头们忙上来接碗。宝玉烫了手倒不觉得，却只管问玉钏儿：“烫了哪里了？疼不疼？”玉钏儿和众人都笑了。玉钏儿道：“你自己烫了，只管问我。”宝玉听说，方觉自己烫了。

《红楼梦》有个有趣的现象，凡雪芹认为涉及他深层思想表达的事情，写完一次还要再写第二次。比如宝玉初识云雨，跟可卿一次，跟袭人再一次；宝玉看见女孩儿雪白的膀子起遐想，湘云一次，宝钗再一次；宝玉撞见男女苟且之事，秦钟一次，茗烟再一次；宝玉穿屐戴笠，下雨一次，下雪再一次。葬花也是两次。第一次时间是暮春，葬的是桃花；第二次时间是孟夏，葬的是石榴、凤仙等杂花。写宝玉不顾自己心里只惦记着他人，上面被雨淋是一次，被汤烫了是又一次。雪芹这么写是要引起读者的注意，告诉你这里他有话要说，千万别马虎过去了。大笔墨写宝玉对他人的关爱，是为了展示宝玉众生平等、舍己为人的情怀，展示宝玉身上的佛性，即慈悲心。

下面我们通过几个小故事，也了解一下东坡的慈悲心。

东坡第一次被贬谪的地方是黄州。那时候，黄州当地的百姓很穷，因为穷，就养不起更多的孩子，久而久之形成了一个恶俗，即每家养小孩不能超过三个，超过的一生下来就要被杀掉。东坡听说后“为之心酸”，几天吃不下饭。他为救婴儿四处奔走。一方面请求官府出手干预，下令禁止这种残忍的行为，一方面发动当地富户募集资金，成立育儿会，帮助那些确实有困难而养不起婴儿的家庭。东坡那时没有俸禄，还要拉扯一大家子人，吃了上顿没下顿。即便如此，他也带头捐款，每年捐出十钱——这相当于他两个月的口粮——给育儿会。

东坡有一篇笔记，题目是《书雪》。原文是：“黄州今年大雪盈尺，吾方种麦东坡，得此，固我所喜。但舍外无薪米者，亦为之耿耿不寐，悲夫。”大意是：黄州下大雪，对于我种的麦子来说是好事。我本应该高兴，可是，一想到那些没柴没米忍饥受冻的乡亲们心里就揪得慌，以至于无法入睡。这大雪天，他们的日子得多难过啊！

还是在黄州。那一年闹瘟疫，形势危急。东坡想起他手上有老友巢谷留给他的一个秘方，叫“圣散子”，据说可治瘟疫。他把秘方找出来，端详着，仿佛老友重逢，一时百感交集。说到巢谷，有必要多说两句，因为他跟东坡可不是一般的关系。巢谷与东坡是同乡，东坡与弟弟苏辙很小就认识他。巢谷年轻时曾读书应举，之后赴京城参加进士考试。在京城结识了一帮习武的朋友，于是就扔下书本，开始练习弓箭骑射，还与熙河名将韩存宝结拜为兄弟，并在其帐下做了一个幕僚。没过多久，韩存宝在一次边境战役中失利，朝廷追责，判他死罪。受刑前，韩存宝将几百两银子交给巢谷，托他转交给自己的妻儿。为完成朋友的嘱托，巢谷隐姓埋名、风餐露宿，冒着极大的风险才找到了韩存宝的家人，将银子转交。苏辙说巢谷是“缓急可托之人（关键时刻可以指望得上）”，东坡说巢谷是个“侠骨柔情”的人。东坡晚年被贬儋州，巢谷那时已经七十多岁了，说什么也要去海南看望他，谁劝也不行，最后死在了去海南的路上。东坡兄弟俩都有纪念巢谷的长文。

“圣散子”秘方是巢谷从山中一个隐士处得来，过程十分传奇，巢谷也十分珍惜。东坡贬谪黄州，巢谷千里迢迢来看他，见当地缺医少药，巢谷心疼东坡，就打算把“圣散子”秘方留给他，以备不时之需。在拿出秘方前，巢谷把东坡拉到长江边上，让他指着江水发誓：秘方只可自用，永远不能外传。东坡答应了。眼下黄州闹瘟疫，天天死人，东坡看在眼里急在心上。他顾不上当年所发的重誓，毅然拿出“圣散子”秘方交给当地的医生去配药，救活了无数人（原话是“所活不可胜数”）。要知道，以那个时代人的认知，毁誓是要遭报应的。东坡宁可自己遭报应，也要为百姓消灾。后来在杭州，他又用“圣散子”药方为杭州百姓治病除疫，“所济及千人”——救了上千的人，杭州人至今还在怀念他。

东坡喜欢常州，很早就有在常州定居的念头。朋友帮他在常州选了一处住所，东坡看了很满意。他四处凑钱，终于凑够了，就把房子买下了。东坡很高兴，绕着房子遛弯，忽然看到一个老太太蹲在墙角抽泣，他忙上前问候。老太太说儿子不争气，把她的祖屋给卖了。东坡再一问，才知道老太太的祖屋就是他刚刚买的那所房子。看着伤心欲绝的老太太，东坡也叹了口气。他叫人把老太太的儿子找来，当着老太太的面把房契退还给他，嘱咐他今后要好好孝敬母亲。至于房钱，东坡只字未提。后来东坡再也没有钱买房，直到他在常州病逝，最后栖身的处所还是朋友帮他临时租的一间土房子。

东坡外出身上总携带着一些药，遇到身体不舒服的人，就送给他们治病。他还喜欢酿酒招待客人。有人问他，你攒那么多药、酿那么多酒干什么，自己又用不了。东坡回答："看到有病的人病治好了，想喝酒的人有酒喝，我跟他们一样高兴。"下面引的这段是东坡的原话：

常以谓人之至乐，莫若身无病而心无忧。我则无是二者矣。然人之有是者接于余前，则余安得全齐乐乎？故所至常蓄善药，有求者则与之，而尤喜酿酒以饮客。或曰："子无病而多蓄药，不饮而多酿酒，劳己以为人，何也？"余笑曰："病者得药，吾为之体轻；饮者困于酒，吾为之酣适，盖专以自为也。"（《书东皋子传后》）

把别人的痛苦当作自己的痛苦，把别人的快乐当作自己的快乐，这是佛道的根本，是佛心，是慈悲心。宝玉与东坡，他们都具有这样的慈悲心。

宝玉揽责

因不忍心看到别人犯了错而受罚，自己站出来替人承担责任，这样的事发生在宝玉身上一点不奇怪。为什么？因为他善良，有同情心。东坡的身上也不乏同样的故事。雪芹将宝玉的思想、情感、行为参照东坡来写，这就是案例之一。

第五十八回。书中说，宝玉正在大观园闲逛，忽见一股火光从山石那边发出，将雀儿惊飞。宝玉吃了一大惊，又听那边有人喊道："藕官，你要死，怎弄些纸钱进来烧？我回去回奶奶们去，仔细你的肉！"宝玉听了，益发疑惑起来，忙转过山石看时，只见藕官满面泪痕，蹲在那里，手内还拿着火，守着些纸钱灰作悲。藕官是在那里祭奠她死去的小伙伴。这时，一个婆子恶狠狠地走过来拉藕官，口内说道："我已经回了奶奶们了，奶奶气得了不得。"藕官听了，终是孩气，怕辱没了没脸，便不肯去。宝玉眼见藕官要吃亏，忙跑上前拦住婆子，谎说是他让藕官干的："昨夜做了一个梦，梦见杏花神和我要一挂白纸钱，不可教本房人烧，要一个生人替我烧了，我的病就好得快。"这样就把责任替藕官揽了下来。还有一次，园子里丢了玫瑰露，管事的婆子抓住小丫头柳五儿不放。宝玉知道柳五儿是被冤枉的，眼看着她要挨打，还可能被撵出去，心中不忍，忙让平儿去跟婆子们说玫瑰露是他闹着玩给藏起来了，与柳五儿无关，最终将一场风暴压了下去。

雪芹几次写宝玉出面替人揽责任，是刻画人物的需要，读者可以从中看到宝玉心地善良的一面。东坡替人揽责、与人分忧的事情也有许多。下面讲一个《春渚纪闻》上题为“赝换真书”的故事。

东坡在杭州当太守的时候，一天，衙门大堂里押进来一个人，衙役报告说：“抓到一个逃税的。这家伙不单逃税，还居然敢冒用大人的名字行骗！”东坡忙问缘由。原来，抓到的这个人叫吴味道，是福建南剑州的一个举人，这次是去京城参加第二年的进士考试路过杭州。吴味道供述，他家里穷，进京没有盘缠，乡亲们帮他东拼西凑，好容易凑了一百个千单位的制钱，可这点钱远远不够用。于是，有人给他出主意，说把这些钱换成当地建阳产的纱布料，再把纱布料带到京城卖出去，能多挣不少钱。吴味道觉得有理，就用那些钱买了建阳纱布料。可是，另一个问题又来了。按当时的规定，运输纱布料这样的纺织品，沿途各地都是要抽税的。如果那样，等他到了京城，这些纱布料恐怕连一半都剩不下。他听人说朝廷命官的行李免检，因此就想找一个来冒充。找谁呢？他想来想去，最后就想到了人人都知道的苏东坡。他把纱布料装进两个大箩筐，上面蒙上“苏府”封缄，还附上一封伪造的“家信”，冒充是东坡带给住在京城家人的东西。他知道东坡虽然位高权重、名满天下，但是从不摆官架子，待人亲和，对读书人尤其友善。冒充他家的东西，将来即便事情败露了也必能得到宽恕。就这样，吴味道挑着“东坡家的担子”穿州过府，一路都很顺利，没想到走到杭州却露了馅。大堂上，吴味道一五一十招完供，趴在地上磕头认罪，请求东坡从轻发落。

东坡低头看着这个跪在地上、身材瘦小、头发花白、挑着担子进京赶考的举子，半天没说话。忽然，他转头叫人拿一个带杭州府官印的信封来，提笔写下弟弟苏辙在京城的住址，然后签上自己的官职和姓名。他叫吴味道站起来，把信封交给他，说：“把你写的那张假的撕了吧。拿上这封信，路上有人盘查，你就说东西是我捎给京城苏学士（当时苏辙任翰林学士、知制诰）的。有事让他们去找苏学士。我估计路上不会有人再为难你。”吴味道先是不敢相信，继而感动落泪，对东坡千恩万谢。东坡只是笑了笑，让他抓紧时间赶路，并祝他明年金榜题名。第二年，考中了进士的吴味道专程到杭州向东坡道谢，东坡很高兴，请他喝酒，还留他在家里住了几天。

遇事能将心比心，必要时可以代人受过，东坡和宝玉都是这样的人。

宝玉读《庄子》

宝玉身边净是些极为出色的女孩子，但是出色的女孩子太多了，也会引来烦恼。跟这个近了那个不高兴；跟那个近了这个不高兴。无奈之下，宝玉去《庄子》那里寻求解脱。《庄子》是先秦文字，不好懂。宝玉续写了一段，好懂，意思却不对。他把自己烦恼的原因归罪于黛玉、宝钗、袭人、麝月等人，说她们太优秀了，以致自己无法摆脱她们的诱惑。这种事，还是东坡解得切。东坡说：烦恼初无根，恩爱为种子。欲除苦海浪，先干爱河水。

第二十一回。宝玉一大早去看黛玉、湘云。他见两个女孩子正在梳洗，便也蹭着洗了把脸，还得寸进尺央求湘云帮他梳头。湘云被他缠得没办法，只好帮他梳篦。书中说，湘云一面编住，一面说道："这珠子只三颗了，这一颗不是的。我记得是一样的，怎么少了一颗？"宝玉道："丢了一颗。"湘云道："必定是外头去掉下来，不妨被人捡了去，倒便宜他。"黛玉一旁盥手，冷笑道："也不知是真丢了，也不知是给了人镶什么戴去了！"黛玉甩的这句闲话被袭人听到了，她本来就气宝玉老往女孩子队伍里钻，这下气更大了，回来跟宝钗发牢骚，说："姊妹们和气，也有个分寸礼节，也没个黑家白日闹的！凭人怎么劝，都是耳旁风。"赌气不理宝玉。宝玉问麝月原因，麝月也没好气，说："我知道么？问你自己便明白了。"心里凉凉的宝玉只能闷头看书。他看的是《南华经》（也就是《庄子》），正看至《外篇·胠箧》一则，其文曰：

“故绝圣弃知。大盗乃止，擿玉毁珠，小盗不起，焚符破玺，而民朴鄙，掊斗折衡，而民不争（抛弃了圣明智巧，大贼盗就会止息；毁掉了珠宝玉器，小贼盗就没有了；焚毁了符节，摔碎了玉玺，人民就归于淳朴；拆毁了升斗、折断了秤杆，人民就不会争夺）……”

宝玉看至此，意趣洋洋，趁着酒兴，不禁提笔续曰：

“焚花散麝，而闺阁始人含其劝亦，戕宝钗之仙姿，灰黛玉之灵窍，丧减情意，而闺阁之美恶始相类矣。彼含其劝，则无参商之虞矣，戕其仙姿，无恋爱之心矣，灰其灵窍，无才思之情矣。彼钗，玉，花，麝者，皆张其罗而穴其隧，所以迷眩缠陷天下者也。”

这段文的大意是，不听你们劝，你们就不理我。如果你宝钗不是那么好看，你黛玉不是那么灵秀，大家都一样丑，我自然就没有恋爱之心，也没有思才之情了。现在情况恰恰相反，你们俩加上袭人、麝月，个个神采奕奕、风情万种，所以，你们才是“迷眩缠陷天下”的罪魁祸首，现在反倒说我不听人劝，真是冤枉。

写完这段，宝玉痛快了，倒头便睡。第二天黛玉来屋，见宝玉不在房中，因翻弄案上书看，可巧翻出昨儿的《庄子》来。看至所续之处，不觉又气又笑，不禁也提笔续书一绝云：无端弄笔是何人？作践南华庄子因。不悔自己无见识，却将丑语怪他人！

庄子生活在两千多年前的战国时代，他的思想影响了一代又一代中国人。但是，真能看懂他文章的人并不多。现代研究庄子最有名的学者刘文典曾说：“庄子嘛，我是不懂的喽，也没有人懂。”刘文典被学术界誉为“民国第一狂人”，他都不敢说懂庄子，其他人可想而知。这里我们跳开《庄子》的原文看看宝玉所续的那段。宝玉写的虽然也是文言文，但意思还算直白。总之一句话，他把自己的“思之情”“爱之心”归罪于宝钗、黛玉一干人太优秀，既然宝钗不肯“戕其仙姿”，黛玉不肯“灰其灵窍”，你让我怎么办！真的没办法吗？有。看看东坡是怎么说的。

东坡在《叶涛致远见和二诗，复次其韵》说：“烦恼初无根，恩爱为种子。”人为什么会烦恼？因为心里有爱，心里有爱就有了分别心，也就有了追求。“求之不得，寤寐思服（《诗经 · 关雎》）”。所以，烦恼就来了，从此就苦海无边了。怎么解决呢？东坡接着说："欲除苦海浪，先干爱河水。"把自己对世间一切的爱恋丢掉，就能逃离苦海回头是岸了。此时的宝玉，刚刚看到了问题，还没有悟到问题的实质，因此他还在向客观去找原因。《红楼梦》在快要结束的时候，宝玉在经历过许多的磨炼之后，他才终于悟到了烦恼的根源以及解决的方法。脂砚斋在这段文字的后面有一段批语："宝玉后文方有'悬崖撒手'一回，若他人得宝钗之妻、麝月之婢，岂能弃而为僧哉？"意思很明确，宝玉后来是循着东坡"欲除苦海浪，先干爱河水"的路径去悟道，逐步消除了对宝钗、对黛玉、对袭人、对麝月等等属于凡人的爱欲，最后获得了解脱。

第二十二回也有一段宝玉用《庄子》思考问题的文字。

那一日宝钗生日，贾府请来一个戏班子唱戏。贾母很喜欢一个十一岁的小旦。凤姐笑道："这个孩子扮上活像一个人，你们再看不出来。"宝钗心里也知道，便只一笑不肯说。宝玉也猜着了，亦不敢说。史湘云接着笑道："倒像林妹妹的模样儿。"宝玉听了，忙把湘云瞅了一眼，使个眼色。众人却都听了这话，留神细看，都笑起来了，说果然不错。一时散了。

宝玉原是好心，既怕湘云的话黛玉听了会不高兴，也怕湘云因此而得罪了黛玉。但是他两头不讨好。湘云说他不要看人家的鼻子眼睛，闹着要走；黛玉说别人拿她比戏子，宝玉比别人更不如。宝玉想，自己原为怕她二人生嫌隙，方从中调和，不想并未调和成功，反而落了两处的贬谤。正合着前日所看《南华经》上，有"巧者劳而智者忧，无能者无所求，饱食而遨游，泛若不系之舟（大意是：工巧的人要吃苦，聪明的人要担忧。没有才能的人没有什么追求，吃得饱饱地四处遨游，飘飘荡荡的像是没有维系的小船）"，又曰"山木自寇，源泉自盗"等语。这几个字的后面有脂砚斋的一条批注："山木，漆树也，精脉自出，岂人所使之？故云'自寇'，言自相戕贼也。源泉味甘，然后人争取之，自寻干涸也，亦如山木，意皆喻人智能聪明多知之害也。"宝玉越想越无趣，由不得深深地叹了一口气。脂砚斋在此批注："大解悟大觉迷之功甚矣。"下面还有另一条批注说："宝玉是多事所误。多事者，情之事也，非世事也。多情曰多事，亦宗《庄》笔而来。"

庄子的话，确实不好理解。难道有感情、有思想、有能力的人就会受累，而那些没感情、没思想、没能力的人反而不会受累？天底下竟有这样的道理？不怪此时的宝玉“越想越无趣”。让我们暂时放下宝玉，先来看看东坡是怎么理解的吧。

宋元祐时期，哲宗年幼，高太后听政，东坡在朝中任端明殿学士、翰林侍读学士、礼部尚书。待哲宗亲政后，老臣悉数被贬，东坡也被贬到了广东的惠州。这是他人生第二次遭贬。第一次是在四十五岁时被贬到湖北的黄州，一贬五年。这次五十九岁了，先贬惠州再贬儋州，一去八年，遇大赦才得以重返中原。东坡辗转来到了江苏的镇江，在金山寺，他看到了画家李公麟为他作的一幅画像。东坡久久凝视着自己的画像，一生的感慨都融进了下面这首《自题金山画像》诗中：

心似已灰之木，身如不系之舟，问汝平生功业，黄州惠州儋州。

“心似已灰之木”，出自《庄子·齐物论》，文中问：“形固可使为槁木，而心固可使如死灰乎？”东坡的回答是：“可”。你看我现在不就是这样吗？无悲无喜，物我两忘，与自然浑然一体。“身如不系之舟”，出自《庄子·列御寇》，就是宝玉刚才想起的那一段。东坡此处指自己一生辛劳，四海漂泊。其结果呢？结果就是一贬黄州、二贬惠州、三贬儋州，一次比一次远，一次比一次苦。为什么是这样？还不是因为自己太聪明、太能干、名气太大了吗？对这种事，十几年前的东坡还不理解，那时的他还有怨言，还有牢骚。他在给小儿子的满月诗中透露了这种情绪：

人皆有子望聪明，我被聪明误一生。惟愿孩儿愚且鲁，无灾无难到公卿。

诗中有苦闷、有牢骚也有调侃。而现在呢？心如死灰，什么都没有了。东坡的生命经验诠释了什么叫“巧者劳而智者忧”和“山木自寇，源泉自盗”，对宝玉参透《庄子》、了悟人生具有重要的指导意义，也为他后来“悬崖撒手”提供了丰厚的思想基础。

红楼是一个梦，代表人物是宝玉；人生是一个梦，代表人物是庄子、东坡、雪芹。《红楼梦》这部书如同是他们三个人合作完成的一桌子好菜：营养标准由庄子确定，东坡负责开列菜单，而雪芹则是那个实际下厨房掌勺的大师傅。

笠屐图

旧时北方人雨天一般打伞，没有雨伞就戴个草帽。披着蓑衣、戴着斗笠还穿着木屐的形象是不会出现的。偏偏宝玉就是这样一身打扮。不仅在雨天，下大雪也是这样一身出门。请问，穿着木屐走在雪地里是什么感觉？笃定一步一个大劈叉，根本迈不开腿。其实，雪芹这样打扮宝玉是在影射一个人，这个人在大多数国人的心目中，就是一个穿屐戴笠的形象。不用多说，这个人就是东坡。

《红楼梦》中宝玉穿木屐、披蓑戴笠的形象出现过多次。后半部不说，这里说说前八十回中的两次。

第四十五回，黛玉在屋内方要安寝，丫鬟报说："宝二爷来了。"一语未完，只见宝玉头上带着大箬笠，身上披着蓑衣。黛玉不觉笑了："哪里来的渔翁！"宝玉给黛玉介绍他这身行头，说："我这一套是全的。有一双棠木屐，才穿了来，脱在廊檐了。"黛玉又看那蓑衣斗笠不是寻常市卖的，十分精致轻巧，因说道："是什么草编的？怪盗穿上不像那刺猬似的。"宝玉道："这三样都是北静王送的。他闲了下雨时在家里也是这样。你喜欢这个，我也弄一套来送你。别的都罢了，唯有这斗笠有趣，竟是活的。上头的这顶儿是活的，冬天下雪，带上帽子，就把竹信子抽了，去下顶子来，只剩了这圈子。下雪时男女都戴得，我送你一顶，冬天下雪戴。"黛玉笑道："我不要他。戴上那个，成了画儿上画的和戏上扮的渔婆了。"宝玉走时，黛玉还叮嘱他小心跌跤，因为"你又穿不惯木屐子"。

第四十九回，一夜大雪过后，宝玉赶去芦雪庵赴诗会。他"披了玉针蓑，戴上金藤笠，登上沙棠屐，忙忙地往芦雪庵来"。正在芦雪庵扫雪的丫鬟婆子见他“披蓑戴笠”而来，都笑道：“我们才说正少一个渔翁，如今都全了。”

一次下雨，一次下雪，两次都仔仔细细地写宝玉的蓑衣、斗笠还有木屐。在北方，人们一般用雨伞来遮雨遮雪，早年间则是戴草帽。斗笠蓑衣都不是北方人用的，更别提木屐了。雨天穿木屐已经很可笑了，雪天穿根本走不了路，一步一个大劈叉。雪芹如此写，用意何在呢，我们来看一个故事吧！

东坡最后一次被贬是被贬到了海南岛的儋州，那里“食无肉、病无药、居无室、冬无碳、夏无寒泉”，但当地的黎族百姓非常淳朴，他们热情地接待了这位昔日的翰林宰官。东坡也很快跟乡亲们打成了一片。他们一起喝酒聊天，逛街遛弯，“华夷两樽合，醉笑一欢同”（《用过韵冬至与诸生饮》）。一位七十多岁的老婆婆跟东坡开玩笑，说：“内翰昔日富贵，一场春梦。”东坡听了，觉得她说得很有趣，笑着点头称是，还把她的话写进了诗里，干脆就称她为“春梦婆”。

一天，东坡出去串门，途中遇雨，他便向街坊借了斗笠和一双木屐穿在身上，神态自若，一路乐呵呵地穿街过巷，引得当地百姓争相出门观瞧。有人据此作了一幅《东坡笠屐图》，从海南一直流传到中原。

《东坡笠屐图》不仅是一时场景的记录，它更反映了东坡随遇而安、乐观开朗的性格以及坦然面对逆境的精神风貌。正因为如此，数百年来，历代都有喜爱东坡的画家对这样的场景着迷，从李公麟、赵孟坚、赵孟頫、钱选、唐寅、仇英一直到张大千、程十发，都画过同样题材的画，多地还有东坡笠屐的雕像，这就使得宋、元、明、清乃至当代的大多数人都把东坡的形象定格在穿着木屐、戴着斗笠的这个画面。

这里还要特别说一下，斗笠与木屐在传统文化中不仅是普通生活的装束，它还代表一种信仰，一种追求。东坡在《赠月长老》诗中开头两句是：“天形倚一笠，地水转两轮。”把斗笠比喻为天，把木屐比喻为地，体现了修道人与天地同体的胸怀。此外，雪芹一再强调宝玉的木屐是棠木做的，也是另有深意。我们知道，在《红楼梦》书中，海棠隐喻的是史湘云。雪芹对《红楼梦》结局的设想应该是：湘云与宝玉在经过人生的磨难之后，大彻大悟，双双脱离了尘世，最终在仙境中获得了永生。

二丫头

二丫头，一个开朗大方的农村女孩儿，出现在贾府送秦可卿出殡路上的一个农庄里。这个女孩儿，不论是说话的语气还是做事的方式，都带着一股生命的活力，散发着青春的朝气。宝玉心生爱慕之意，久久不愿离去。描写二丫头的文字并不长，区区二百余字，但给人留下了很深的印象。直到今天，喜欢二丫头的还大有人在。台湾著名的美学家蒋勋就说，《红楼梦》他最喜欢的人物就是这个二丫头。这边宝玉陷入思恋的情绪中不能自拔，那边的二丫头早就把他扔到了脑后，跟着一帮小伙伴说笑玩耍去了。这样的情景，东坡也经历过，用他《蝶恋花》中的两句词形容，再恰当不过。词曰：笑渐不闻声渐悄，多情却被无情恼！

第十五回：《王熙凤弄权铁槛寺　秦鲸卿得趣馒头庵》。在这一回中，出现了一个叫“二丫头”的农村女孩儿。书中说，贾府为秦可卿送殡，王熙凤等人半路上要打尖，来到了一处农庄。早有家人将众庄客撵尽。那庄人家无多房舍，婆娘们无处回避，只得由他们去了。书中这样写，是特为二丫头的出场预留空间。不“由他们去了”，二丫头怎么会出现在宝玉的面前？书中接着说，那些村姑庄妇见了凤姐、宝玉、秦钟等人的人品衣服、礼数款段，岂有不爱看的？

一时凤姐进入茅堂，因命宝玉等先出去玩玩。宝玉等会意，因同秦钟出来，带着小厮们各处游玩。凡庄农动用之物，皆不曾见过。宝玉一见了锹、锹、锄、犁等物，皆以为奇，不知何项所使，其名为何。小厮在旁听一一地告诉了名色，说明原委。宝玉听了，因点头叹道："怪道古人诗上说，'谁知盘中餐，粒粒皆辛苦'，正为此也。"一面说，一面又至一间房前，只见炕上有个纺车，宝玉又问小厮们："这又是什么？"小厮们又告诉他原委。宝玉听说，便上来拧转作耍，自为有趣。只见一个约有十七八岁的村庄丫头跑了来乱嚷："别动坏了！"众小厮忙断喝拦阻。宝玉忙丢开手，赔笑说道："我因为没见过这个，所以试它一试。"那丫头道："你们哪里会弄这个，站开了，我纺与你瞧。"秦钟暗拉宝玉笑道："此卿大有意趣。"宝玉一把推开，笑道："该死的！再胡说，我就打了。"说着，只见那丫头纺起线来。宝玉正要说话时，只听那边婆子叫道："二丫头，快过来！"那丫头听见，丢下纺车，一径去了。

宝玉怅然无趣。待凤姐等人收拾完，便起身上车。一时上了车，出来走不多远，只见迎头二丫头怀里抱着她小兄弟，同着几个小女孩说笑而来。宝玉恨不得下车跟了她去，料是众人不依的，少不得以目相送，争奈车轻马快，一时展眼无踪。

宝玉这种怅然若失的感觉并不奇怪，我们从东坡的一首《蝶恋花》词中也能深切地感受到。

花褪残红青杏小。燕子飞时，绿水人家绕。枝上柳绵吹又少，天涯何处无芳草？

墙里秋千墙外道。墙外行人，墙里佳人笑。笑渐不闻声渐悄，多情却被无情恼。

高墙里有一个美丽的少女在荡秋千，她一面荡一面笑，笑声是那么清脆爽朗，那么有感染力，仿佛她天生就没有一丝烦恼。墙外赶路的行人被她的笑声所感染，急切地想离她近一点，再近一点，仿佛靠近她就能把自己的烦恼、忧愁一股脑带走。可是，没等靠近她，没等看清楚她，那个女孩儿已经走了，剩下多情的行人，孤零零地伫立在风中，心中充满了惆怅。

宝玉生活在深宅大院中，习惯了惟他命是从、处处讨好他的小厮、丫鬟们，从没有人敢吆喝他。可是，在这个农家女孩儿的眼里根本就没有什么"宝二爷"，管你是谁，反正不能动坏了我的纺车！不过，她也有很大方的一面。如果你真心想学，她可以让你站在一边，做个示范给你瞧。宝玉哪里见过这样的女孩儿？这是青春的美丽，这是生命的活力。可以说，二丫头带给宝玉的是他人生中一个不曾有过的感受。

宝玉这边对二丫头的眷恋，二丫头本人不会知道，说不定她早就把刚才的事给忘了。宝玉恨不得下车跟了她去，人家一点不理会，怀里抱着她小兄弟，和女伴们说说笑笑玩儿去了。看完这一段，再去看东坡的《蝶恋花》，“多情却被无情恼”的意思，一下子就明白了。

二丫头在《红楼梦》书中篇幅不多，但让人印象深刻。台湾著名的美学大家蒋勋就十分欣赏二丫头的自在与生命力，在一次公开活动中，他被问到《红楼梦》中谁是他最喜欢的女性角色，他毫不犹豫地回答：“是二丫头。”

补充一点。这一段特别突显了宝玉对女孩儿的态度。比如，听到二丫头嚷他，他就“忙丢开手”，还“赔笑”做解释，没有一点贾家大少爷的款儿；秦钟撺掇他把女孩儿搞到手，他骂秦钟“该死的！再胡说，我就打了”。由此可见，说宝玉多情，这没错；但他的底色和基调是平等、尊重，丝毫没有亵渎的意思。这是宝玉区别于秦钟以及贾家其他男人的根本之处。

“雪芹”的由来

雪芹姓曹，名霑，字芹溪，一字芹圃，雪芹是他给自己取的号。古人的姓名来自家族中的长辈，反映的是家长对这个孩子的期许，跟孩子本人无关。只有自己取的“号”才真正代表了本人的个性及情趣爱好。雪芹这个“号”，出自东坡诗：泥芹有宿根，雪芽何时动。东坡是雪芹的偶像，东坡的思想、事迹都被雪芹化用在《红楼梦》书中。这两人最后都以“号”闻名于世，也算是一种巧合吧。

《红楼梦》最初是以手抄本的形式问世的。由于作者的文稿不固定，钞者也不固定，因此市面上流传的版本各式各样，书名也不尽相同，有叫《石头记》的，有叫《金陵十二钗》后又改为《红楼梦》的。简单说，大致有甲戌本、乙卯本、庚辰本、列藏本、戚序本等。这些版本都不超过八十回，书名且都有署名为脂砚斋或者畸笏叟的批语，学界管这些版本统称为脂本。后来有了程伟元、高鹗整理出版的一百二十回全本，学界称之为程高本。程高本排印过两次，文字稍有不同，因此把第一次排印的称为程甲本，把第二次排印的称为程乙本。这么多的版本，孰真孰假，孰优孰劣，红学家争论了一百多年，到今天也没有停止。只有一个问题，关于书的作者，因为书中明确记载“曹雪芹于悼红轩中披阅十载，增删五次，纂成目录，分出章回，则题曰《金陵十二钗》。”所以，不管是《石头记》还是《红楼梦》，大家对其作者的认识基本一致，都认为他就是曹雪芹。

旧时的读书人，一般都会有姓、有名、有字，还有号。雪芹姓曹，名霑，字芹圃。雪芹是他的号。名和字，通常是由长辈给取，但是“号”，则是本人根据自己的兴趣爱好自取的。雪芹这个“号”，就是他根据东坡的诗意而取的。

东坡在黄州有《东坡八首》组诗，其中第三首的最后四句是：“泥芹有宿根，一寸嗟独在。雪芽何时动，春鸠行可脍。”意思是泥土里留有芹菜的根，只一寸来长，在大雪覆盖中，它什么时候才能发芽呢？怕要等到冬去春来，才可以与鸠肉一起做成美食吧！东坡在这地方有个自注：“蜀人贵芹芽脍，杂鸠肉为之。”芹根雪芽，意象由此而出。东坡的弟弟苏辙也有一首诗与“雪芹”有关系。苏辙《同外孙文九新春绝句》：“佳人旋帖钗头胜，园父初挑雪底芹。欲得春来怕春晚，春来会似出山云。”

周汝昌先生的《红楼梦新证》说：“乾隆间明义《绿烟琐窗集·题红楼梦》绝句题下有小序，云‘曹子雪芹，出所撰《红楼梦》一部，备记风月繁华之盛。’是为足以确定《红楼梦》作者为曹雪芹的最早记载。”其实，还有好几个跟雪芹有关的“名字”（有名有字），如芹圃、芹溪、梦阮等等，最后都没有被写入《红楼梦》书中，只留下“雪芹”作为作者唯一的署名，由此可以看出雪芹对自己取的这一个号是多么重视。

雪芹是号，东坡是号，两个人都以号闻名于世，也是冥冥中的一种巧合吧。

第四章
女主角湘云

湘云与朝云
海棠寓湘云
因麒麟伏白首双星
寒塘渡鹤影
湘云割腥啖膻
湘云醉眠芍药裀
湘云曲子中的“玉堂”
湘云的菊花诗
湘云的柳絮词
湘云的幽默
湘云的侠气
湘云的咬舌
湘云的心直口快
湘云的装束
南安太妃

湘云与朝云

湘云是《红楼梦》中的主要人物，大家都熟悉；朝云何许人也，知道的人不多。也难怪，朝云不是书中的人物，这个名字在书中也只出现过一回。那么，为什么要把湘云与朝云扯上关系？因为，这位朝云不是别人，她是东坡的侍妾，是东坡最爱的女人。雪芹是把湘云作为朝云的化身写在书里的。在湘云身上，从言谈举止到行为方式，全部都遵循着东坡的美学思想，东坡喜欢的，就是湘云喜欢的；东坡讨厌的，也是湘云讨厌的。（东坡欲携朝云之手前往他心中的圣地——“天上宫阙”，宝玉与湘云最后的归宿或许同样也是那里。）

在《红楼梦》中，雪芹把书中的主要人物，即号称金陵十二钗的黛玉、宝钗、湘云、熙凤等，都归入了太虚幻境的“薄命司”。十二钗的命运被画成图册，收在“薄命司”的一个大厨里。宝玉梦游太虚幻境时，在“司人间之风情月债，掌尘世之女怨男痴”的警幻仙姑引领下，曾经看到过这些图册。书中说，有一个图册“画几缕飞云，一湾逝水。其词曰：富贵又何为，襁褓之间父母违。展眼吊斜晖，湘江水逝楚云飞。”这些图册上的判词都没提具体名字，雪芹让读者通过图册中的图画和文字去猜。这一册中的“湘江水”，点出“湘”，“楚云飞”，点出“云”，说明这个判词是判给湘云的，在这一点上，大家都认同，从来没有人提出过疑问。现在的问题是，雪芹这么写是怎么考虑的？写“湘江水逝楚云飞”难道仅仅是为了点出“湘”与“云”吗？在太虚幻境中，警幻仙姑还请人给宝玉演唱了十二支《红楼梦曲子》，这些曲子也暗寓着人物的命运，可以和图册判词对照着看。写给湘云的这一曲叫《乐中悲》，曲辞是："襁褓中，父母叹双亡。纵居那绮罗丛，谁知娇养？幸生来，英豪阔大宽宏量，从未将儿女私情略萦心上。好一似，霁月光风耀玉堂。厮配得才貌仙郎，博得个地久天长，准折得幼年时坎坷形状。终久是云散高唐，水涸湘江。这是尘寰中消长数应当，何必枉悲伤。"

如果说图册判词中的"湘江水逝楚云飞"是点出了湘云的名字，那《乐中悲》曲辞中的"云散高唐，水涸湘江"就是对湘云名字的注解。高唐，即高唐之观，出现在宋玉的《高唐赋》中："楚襄王与宋玉游于云梦之台，望高唐之观。"宋玉在《神女赋》中也提到了高唐："楚襄王与宋玉游于云梦之浦，使玉赋高唐之事。"可见，高唐是个地名，或者说是个台观之名。那"高唐之事"是个什么事呢？宋玉告诉我们说，那是个关于巫山神女的事。当年楚怀王梦游高唐，巧遇巫山神女，两人曾经有过一段交往。神女对怀王说："妾在巫山之阳，高丘之阻，旦为朝云，暮为行雨，朝朝暮暮，阳台之下。"后来，楚怀王为神女修了一座庙，因神女语中有"旦为朝云（早晨变成朝霞）"句，他就把这座庙取名"朝云"。后世之人遂把巫山神女称为"朝云"。湘云判词中的"楚云"指的也是神女，跟"朝云"是一个意思，是因朝云其所在地为"楚（湖北）"而得的别名。

现在，判词与曲子的寓意慢慢地清晰起来了。雪芹通过宋玉的《高唐赋》《神女赋》，让"楚云"和"高唐"这些意象有了一个明确的指向，它们都指向一个特定的人物——巫山神女，也即朝云。这样，判词与曲子就让湘云与朝云之间产生了一层神秘的关系。雪芹没有直接说出"神女"二字，但他在接下来的《警幻仙姑赋》中，使用了大量来自《神女赋》的遣词造句，其目的即暗示巫山神女的存在。下面我们摘几个句子看一下。

其始来也，耀乎若白日初出照屋梁。(《神女》)

将到时，影度回廊。(《警幻》)

其盛饰也，则罗纨绮缋盛文章。(《神女》)

羡彼之华服兮，闪烁文章。(《警幻》)

忽兮改容，婉若游龙乘云翔。(《神女》)

美彼之态度兮，凤翥龙翔。(《警幻》)

毛嫱鄣袂，不足程式；西施掩面，比之无色。(《神女》)

应惭西子，实愧王嫱。(《警幻》)

其他相似的句子还有很多，足以证明《警幻仙姑赋》是脱胎于《神女赋》(其实，曹植的《洛神赋》意思也相近)。脂砚斋在《警幻仙姑赋》下面有段批语："按此书凡例，本无赞赋闲文；前有宝玉二词，今复见此一赋，何也？盖此二人乃通部大纲，不得不用此套。前词是作者别有深意，故见其妙；此赋则不见长，然亦不可无者也。"脂砚斋说的"此二人"是哪二人？一个是宝玉，不用说；另一个是谁？推想就是赋中所带出来的神女。脂砚斋最后说此赋"不见长，然亦不可无"，当然，不写这个赋，读者怎么把神女朝云与书中的湘云联系起来呢？雪芹这么写是故意的，是有深意的。那么，下一个问题来了，说了半天朝云，朝云在书中指的是谁？

在书中的第二回，冷子兴给贾雨村演说荣国府，说到贾宝玉，冷子兴与贾雨村有这样一段对话。冷子兴道："他(宝玉)说：'女儿是水做的骨肉，男人是泥做的骨肉。我见了女儿，我便清爽，见了男子，便觉浊臭逼人。'你道好笑不好笑？将来色鬼无疑了！"雨村罕然厉色忙止道："非也！可惜你们不知道这人来历。大约政老前辈也错以淫魔色鬼看待了。若非多读书识事，加以致知格物之功，悟道参玄之力，不能知也。"接下来，贾雨村讲了一大通关于"天地生人"的道理。

他说天地之间有一股正气，有一股邪气，秉正气而生的是大仁之人，秉邪气而生的是大恶之人。还有一种人，既不是秉正气而生，也不是秉邪气而生，他们身上正邪两气都有。雨村将这种人归为三类：一类是生于公侯富贵人家的，他们会成为情痴情种；一类生于诗书清贫之族的，他们会成为逸士高人；还有一类是生于薄祚寒门的，他们会成为奇优名倡。雨村就这些人列出了一个长长的名单，有卓文君、红佛、薛涛、崔莺等等，名单最后的一个名字就是我们要说的朝云。卓文君、红佛等人大家都熟悉，她们都是见诸于正史或传奇故事中的著名人物，唯独朝云，知道的人不多，她既非"情痴情种""逸士高人"，也非"奇优名倡"，正史和传奇故事里都没有。把朝云列在这个名单中，且放在特别显眼的最后一位，雪芹是在提醒读者，这个人非同一般，需要用心关注。

这里的朝云，大名王朝云，是东坡的侍妾，是东坡没有夫人名号的夫人，曾陪伴东坡在岭南度过了几年最艰苦的贬谪生涯。朝云是杭州人，从小失了父母（也算是“襁褓之间父母违”吧），流落到一家歌妓馆。东坡在杭州任通判的时候，经常出席有歌妓佐酒的宴会，一个偶然的机会，他发现了一个人前人后跑跑颠颠的小女孩，聪明伶俐，很招人喜欢。这个小女孩就是朝云，那一年她刚满九岁。东坡回家跟夫人王闰之说起朝云，王闰之听了也很喜欢，就把她领回了家。开始就是帮着做做家务，闲时也学习一点歌舞，有客人来家时可以应酬一下（宋代官僚有在家养歌妓的习俗）。别看朝云年纪小，但她的脾气个性与东坡很投缘。有一天饭后家人们在一起闲聊，东坡拍着肚子问大家：“你们说说，里面都是什么东西？”有说“都是文章”的，有说“都是学问”的，唯独朝云说：“您呀，一肚皮不合时宜！”东坡听了哈哈大笑，遂把这个小姑娘引为知己。

东坡在黄州的时候，由夫人王闰之作主，将朝云收为侍妾。从那时起，朝云就一刻也没有离开过东坡，跟着东坡东奔西走，直到三十二岁（东坡碑铭上写的是三十四岁，是虚岁，宋人算年龄都虚两岁）在惠州病逝。东坡为她撰写了碑铭：“东坡先生侍妾曰朝云，字子霞，姓王氏，钱塘人。敏而好义，事先生二十有三年，忠敬若一。绍圣三年七月壬辰，卒于惠州，年三十四。八月庚申，葬之丰湖之上，栖禅山寺之东南。生子遁，未期而夭。盖尝从比丘尼义冲学佛法，亦粗识大意。且死，诵《金刚经》四句偈以绝。铭曰：浮屠是瞻，伽蓝是依。如汝宿心，唯佛是归。”东坡还写了一首《悼朝云》诗：“苗而不秀岂其天，不使童乌与我玄。驻景恨无千岁药，赠行唯有小乘禅。伤心一念偿前债，弹指三生断后缘。归卧竹根无远近，夜灯勤礼塔中仙。”这首诗，据东坡讲，是一首和诗，和自己两年前写的《朝云诗》。那首诗是：“不似杨枝别乐天，恰如通德伴伶玄。阿奴络秀不同老，天女维摩总解禅。经卷药炉新活计，舞衫歌扇旧因缘。丹成逐我三山去，不作巫阳云雨仙。”我们看到，在东坡写的碑铭和两首赠诗中，主要内容有三点：一、东坡对朝云的感情很深；二、朝云后来皈依了佛门，东坡将她的离去视为升仙；三、东坡将朝云比作巫山神女。这三点对了解朝云很重要，对了解湘云很重要，对了解《红楼梦》的结局同样重要。

在《红楼梦》书中，东坡是不露面的主角，雪芹把他的思想、生活经历包括对美的认识，集中体现在宝玉和湘云的身上。不明写又要让读者感受到东坡的存在，雪芹除了在书中大量化用东坡的诗文、暗示东坡的行动路线外，再有一个办法，就是引朝云出来做个旁证。我们可以从头作一个梳理。在冷子兴演说荣国府一回中，雪芹借着贾雨村议论“正邪两赋”“奇优名倡”首次把朝云推到前台（因为朝云有一点“舞衫歌扇”的影子）；在宝玉梦游太虚幻境时，用《警幻仙姑赋》带出《神女赋》，让读者明白，朝云即是巫山神女；然后再将巫山神女的意象（“楚云”“高唐”等）写入湘云的判词和曲子中，从而完成了湘云与朝云形象的联结。写完这个联结之后，雪芹又写了一个联结，即用海棠和金麒麟作媒介，把湘云与宝玉联结在了一起。宝玉在太虚幻境听到的红楼梦曲子收尾是《飞鸟各投林》，曲子最后唱道：“看破的，遁入空门，痴迷的，枉送了性命。好一似食尽鸟投林，落了片白茫茫大地真干净！”雪芹认为，所有人都得从世上消失，要么成了死鬼，要么得道成仙。那个贯穿全书的癞头和尚还有跛足道人就是得道成仙的样本。现在再回头看东坡赠朝云诗中的“丹成逐我三山去（意思是：得道之后跟我一起去仙山巡游。三山指蓬莱、方丈、瀛洲三座仙山。）”，就不难猜想，带着金麒麟（通天的神兽）的湘云最后也一定是与宝玉一道，得道成仙，往“三山”去了。

补充一点。东坡给朝云写的碑铭里提到朝云“字子霞”。子霞，是东坡家里人对朝云的称呼，东坡称呼朝云，有时就是一个字：霞。我们看一下《红楼梦》的第三十八回。书中说，大观园诗社咏菊，众人都用院舍名给自己取了一个“号”赘在诗后。黛玉住的是潇湘馆，她在诗后写了一个“潇”；宝钗住的是蘅芜苑，写了一个“蘅”，只有湘云写的是自己的名字“湘”。探春道：“你也该起个号。”湘云笑道：“我们家里如今虽有几处轩馆，我又不住着，借来了也没趣。”宝钗笑道：“方才老太太说，你们家也有这个水亭叫‘枕霞阁’，难道不是你的。如今虽没了，你到底是旧主人。”众人都道有理，宝玉不待湘云动手，便代将“湘”字抹了，改了一个“霞”字。宝玉称湘云“霞”，想想东坡是怎么称呼朝云的，是不是挺有意思？谁能说雪芹这么写不是故意的？

海棠寓湘云

雪芹在书中以花喻人，以花代表人物的性格，以花暗示人物的命运，黛玉是芙蓉，宝钗是牡丹，探春是红杏，湘云是海棠。湘云为什么是海棠？因为海棠是东坡最喜爱的花。东坡有首咏海棠的七言绝句，题目就叫《海棠》。诗曰："东风袅袅泛崇光，香雾空蒙月转廊。只恐夜深花睡去，故烧高烛照红妆。"雪芹把"只恐夜深花睡去"这一句用在了湘云花签上的批注，把另一句"故烧高烛照红妆"变形后留给了宝玉，让读者隐隐约约地感到他二人存在着某种联系，而联系他们的纽带，是东坡。

第六十三回，题目是"寿怡红群芳开夜宴"。书中说，众人为宝玉庆生，掷骰子抽签确定敬酒的次序。签上写的都是花名，因此这个游戏也被称作"占花名"。宝钗抽到的签是牡丹，题着"艳冠群芳"四个字，下面还有镌的小字一句唐诗，道是：任是无情也动人。探春抽的是杏花，红字写着"瑶池仙品"，诗云：日边红杏倚云栽。黛玉抽的是芙蓉，题着"风露清愁"，一句旧诗道是：莫怨东风当自嗟。轮到湘云，她"揎拳掳袖"抽到的是一枝海棠，题着"香梦沉酣"四个字，那一句诗是：只恐夜深花睡去。

雪芹这里是借花喻人，将湘云比作海棠。"只恐夜深花睡去"是谁的诗？落在湘云身上，不用说，一定是东坡的诗。东坡这首题为《海棠》的原诗是："东风袅袅泛崇光，香雾空蒙月转廊。只恐夜深花睡去，故烧高烛照红妆。"崇光：高贵华美的光泽；香雾空蒙：指海棠阵阵幽香在氤氲的雾气中弥漫开来，沁人心脾；恐：这里是珍惜、担心的意思；故烧高烛照红妆：舍不得让海棠独自待在那里，尽管夜已经很深了，仍然点着长长的蜡烛守着她，陪伴着她。这首诗极写东坡爱海棠，爱到了痴迷的地步。下面再引东坡的一首诗，我们可以从另一个角度了解东坡对海棠的感情。这首诗的题目是《寓居定惠院之东，杂花满山，有海棠一株，土人不知贵也》："江城地瘴蕃草木，只有名花苦幽独。嫣然一笑竹篱间，桃李漫山总粗俗。也知造物有深意，故遣佳人在深谷。自然富贵出天姿，不待金盘荐华屋。朱唇得酒晕生脸，翠袖卷纱红映肉。林深雾暗晓光迟，日暖风轻春睡足。雨中有泪亦凄怆，月下无人更清淑。先生饱食无一事，散步逍遥自扪腹。不问人家与僧舍，拄杖敲门看修竹。忽逢绝艳照衰朽，叹息无言揩病目。陋邦何处得此花，无乃好事移西蜀。寸根千里不易致，衔子飞来定鸿鹄。天涯流落俱可念，为饮一尊歌此曲。明朝酒醒还独来，雪落纷纷那忍触。"

这首诗是东坡被贬谪到黄州后写的。那时他没有自己的房子，寓居在一所寺庙里，就是诗中提到的定惠院，无朋无友，心情落寞。一日，他出门闲逛，在杂花漫山之中忽然发现一株海棠，精神立刻振奋起来。在东坡眼中，只有海棠是"自然富贵出天姿"，其他如桃花、李花都"粗俗"，根本不能和海棠相比。东坡把海棠比喻为"名花苦幽独""佳人在深谷"。清朝大学者纪晓岚非常推崇这首诗，说东坡"纯以海棠自寓"，就是把海棠当作了自己的化身，还说这首诗"风姿高秀，兴象微深"，表现了东坡的思想品格。

东坡爱海棠，以海棠寓自己，雪芹以海棠寓湘云，这是在暗示东坡与湘云之间的关系。此外，雪芹还安排宝玉住在怡红院，而怡红的那个"红"，书中也明确说就是海棠红。宝玉呈元妃的诗《怡红快绿》中有一句是对"红"的解释，他说"红妆夜未眠"，这句诗的诗意也来自东坡的那首《海棠》。宝玉与湘云不仅有海棠的联结，更有金麒麟的联结，这些联结都暗示着他们最终的结局。这些问题另文专讲。

因麒麟伏白首双星

湘云有一个金麒麟，怎么来的，不知道，书中没有说；宝玉也有一个金麒麟，这个金麒麟的来历却很清楚，书中用了很大篇幅来交代。它是“大幻仙人”张道士送给宝玉的，说是“传道的法器”。这个金麒麟中间丢过一回，被湘云捡到，又还给宝玉。两个金麒麟一小一大，一阴一阳，是天生的一对。这就意味着宝玉与湘云也是天生的一对，他们最终会走到一起。麒麟是可以通天的神兽，用麒麟作为悟道升仙的象征，这样的灵感，雪芹是从东坡那里得到的。

第二十九回。贾母带凤姐、宝玉等人去清虚观打醮。打醮就是作法事，祈福。本回的题目就是“享福人福深还祷福”。清虚观的观主张道士出来接待。这位张道士，书中说，是当日荣国府荣国公的替身，曾经被先皇御口亲呼为“大幻仙人”，如今掌管“道录司”印，又被当今皇上封为“终了真人”，现今王公藩镇都称他为“神仙”。张道士与贾母、凤姐一番寒暄之后，托着一个搭着大红蟒缎经袱子的茶盘过来，说要将宝玉身上的玉请下来，托出去给那些远来的道友并徒子徒孙们见识见识。贾母当然同意。不一会，张道士又捧着盘子回来了，上面有三五十件金璜、玉块，皆是“珠穿宝贯，玉琢金镂”，说是道士们“传道的法器”，他们愿意作为敬贺之礼送给宝玉。贾母看见内中有一个赤金点翠的麒麟，便伸手拿了起来，笑道：“这件东西好像我看见谁家的孩子也带着这么一个的。”宝钗笑道：“史大妹妹有一个，比这个小些。”贾母道：“是云儿有这个。”宝玉道：“他这么往我们家去住着，我也没看见。”探春笑道：“宝姐姐有心，不管什么她都记得。”林黛玉冷笑道：“他在别的上还有限，唯有这些人带的东西上越发留心。”宝钗听说，便回头装没听见。宝玉听说湘云有这件东西，自己便将那麒麟拿起来揣在了怀里。一面心里又想到怕人看见他听见史湘云有了，他就留这件，因此手里揣着，却拿眼飘人。只见众人都不大理论，唯有林黛玉瞅着他点头儿，似有赞叹之意。宝玉不觉心里没好意思起来，又掏了出来，向黛玉笑道：“这个东西倒好玩，我替你留着，到了家穿上你带。”林黛玉将头一扭，说道：“我不稀罕。”宝玉笑道：“你果然不稀罕，我少不得就拿着。”说着又揣了起来。

上面这么一大篇文字只为交代宝玉那只金麒麟的来历。张道士盘子中有三五十件宝物，其实都是金麒麟的陪衬。这里特别要注意，这只金麒麟非寻常之物可比，张道士说它是“传道的法器”，意味着宝玉将来必有与神灵相关的故事发生。

这只金麒麟再次出现是到了书中的第三十一回，这回的题目是“因麒麟伏白首双星”。书中说，史湘云带着小丫头翠缕在大观园探亲访友，两个人兴致勃勃，边走边聊，居然聊到了人生。湘云说：“天地间都赋阴阳二气所生，或正或邪，或奇或怪，千变万化，都是阴阳顺逆。”这段话听着是不是很熟悉？没错，在书的第二回，雪芹借贾雨村之口就“天地生人”大大地发过一通议论，讲的就是同一个问题，只不过此时将贾雨村口中的“正邪”二字换成了湘云口中的“阴阳”。翠缕接着湘云的话想弄清楚何为阴何为阳，湘云一个一个给她解释。两人一面说，一面走，刚走到蔷薇架下，湘云道：“你瞧那是谁掉的首饰，金晃晃在那里。”翠缕听了，忙赶上拾在手里攥着，笑道：“可分出阴阳来了。”说着，先拿史湘云的麒麟瞧。湘云要她捡的瞧，翠缕只管不放手，笑道：“是件宝贝，姑娘瞧不得。这是从哪里来的？好奇怪！我从来在这里没见有人有这个。”湘云笑道：“拿来我看。”翠缕将手一撒，笑道：“请看。”湘云举目一验，却是纹彩辉煌的一个金麒麟，比自己配的又大又有纹彩。湘云伸手擎在掌上，只是默默不语，正自出神，忽见宝玉从那边来了，笑问道：“你两个在这日头底下做什么呢？怎么不找袭人去？”湘云连忙将那麒麟藏起道：“正要去呢。咱们一处走。”他们三人来到怡红院，落座后宝玉对湘云说："你该早来，我得了一件好东西，专等你呢。"说着，一面在身上摸掏，掏了半天，啊呀了一声，便问袭人"那个东西你收起来了吗？"袭人道："什么东西？"宝玉道："前儿得的麒麟。"湘云这才知道那只麒麟是宝玉的，将手一撒，说："你瞧瞧，是这个不是？"宝玉一见，由不得欢喜非常，因说道："不是它是谁！"

宝玉说完这句话，第三十一回就结束了。第三十二回开头继续说麒麟的事。书中说，宝玉见那麒麟，心中甚是欢喜，便伸手来拿，笑道："亏你捡着了。你是哪里捡的？"史湘云笑道："幸而是这个，明儿倘或把印也丢了，难道也就罢了不成？"宝玉笑道："倒是丢了印平常，若丢了这个，我就该死了。"湘云此处说的印，是权力的代表，权力对于一个男人立身社会的重要性不言而喻。丢了印等于丢了权力，而宝玉拿印不当回事，却把金麒麟视为生命。这只金麒麟在宝玉心中为什么如此重要？雪芹为什么用如此大篇幅讲金麒麟的得、失、拣、还？他用金麒麟把宝玉、湘云联在一起究竟要说什么？什么叫"因麒麟伏白首双星"？这么重要的线索，因雪芹的去世——"书未成，芹为泪尽而逝"，使读者无缘看到它如何发展，真令人扼腕叹息！

一些红学家认为，在雪芹的真本中，其结局是"三春去后诸芳尽，各自须寻各自门"；是"家亡人散各奔腾"；是"花落水流红"……而宝玉与湘云二人最后重逢聚合，结成夫妇。尽管那时已是困苦流离之际矣（周汝昌先生语）。情况果真如此吗？我前面说过，但凡发生在湘云身上的事，如果不明白，可以去找东坡，在东坡那里说不定就有答案。这不，我们找到了东坡在颍州时写的一首禅诗，专讲麒麟的，题目是《赠月长老》。诗曰："天形倚一笠，地水转两轮。五伯之所运，毫端栖一尘。功名半幅纸，儿女浪苦辛。子有折足铛，中容五合陈。十年此中过，却是英特人。延我地炉坐，语软意甚真。白灰如积雪，中有红麒麟。勿触红麒麟，作灰维那瞋。拱手但默坐，墙壁徒谆谆。今宵恨客多，污子白氎巾。后夜当独来，不须主与宾。蒲团坐纸帐。自要观我身。"

在这首诗的开头，东坡抒发了对人生的感慨：人活在宇宙间，功名利禄都是虚幻，又何必终年辛苦奔忙。接下来是重点，东坡讲了一个参禅的故事。夜晚，在四壁空空的净室内，老和尚坐在烧炭的地炉边，地炉上架着一只少了腿的破铛。地炉里的碳烧成了灰，堆积起来像雪一样。灰堆下面有灰烬，那灰烬的形状像一只红麒麟。这只红麒麟不能动，一动就散成了灰，和尚会骂你。这里的问题是，在积雪一般的灰堆下，东坡怎么知道"中有红麒麟"的？他能透视不成？还不能动，动了就要挨骂，这是为什么？

其实，这只红麒麟与湘云身上那只连带宝玉得的那只一样，都是一个隐喻，一个象征。就像张道士说的，它是"传道的法器"，它代表的是一种默契，一种缘分，是参禅悟道、明心见性的一个象征物。东坡诗全篇用的都是象征的手法。诗中的"折足铛"也不是真有瘸了一条腿的铛，它象征着一种境界。佛教名篇《景德传灯录》里提到过折足铛，书中的汾州无业国师云："看他古德道人，得意之后，茅茨石室，向折脚铛子里煮饭，吃过三十二十年，名利不干怀，财宝不为念，大忘人世，隐迹岩丛。"得意，不是常人所谓的"臭美"，是悟了道的意思；折脚的铛子，这里是安贫乐道通俗的说法。诗中"今宵恨客多"，也不是真有一堆人围在那里，它指的是时机不对，还没到净心参禅的时候。试想，东坡当时是颍州太守，是颍州最高的行政长官，他光顾本地的寺庙，还得跟一群不知是从哪儿来的人挤在一间屋子里烤火不成？不可能的。下面我们拿东坡在杭州的一个故事来做个参照。

东坡在杭州当太守的时候，一天和朋友聚会。酒宴之后，他忽然心血来潮要去逛庙。逛哪个庙呢？他选中的是净慈寺。净慈寺的住持名叫大通禅师，是个很倔的老和尚，所有想见他的人事先都必须斋戒、沐浴，然后才能进到他的禅房。这还不包括女人，女人是严禁入内的。东坡一行人不但吃了肉喝了酒，内中还有数名歌妓，大通禅师能接待他们吗？东坡有一首《南歌子》词讲到这件事。我们先看这首词："师唱谁家曲，宗风嗣阿谁。借君拍板与门槌。我也逢场作戏、莫相疑。溪女方偷眼，山僧莫皱眉。却愁弥勒下生迟。不见阿婆三五、少年时。"从词中能看出来，尽管老和尚不高兴，但还是客气地请东坡一行进了门。东坡为逗禅师高兴，还让一个小歌女唱曲给他听。这是一个有趣的禅门故事，它也从一个方面反映了当时和尚对地方官的态度。由此说明，"今宵恨客多"也是一个隐喻，作为太守的东坡是不可能实际遇到这种场面的。

“勿触红麒麟，作灰维那瞋”，这两句诗真实的意思是，如果修炼不到时候，鲁莽冒进，那样就会毁掉修炼的成果，与佛法是不相符的。“后夜当独来，不须主与宾。蒲团坐纸帐。自要观我身。”这几句可以做如下解释：《红楼梦》前半部是贾家盛时，那时贾家红红火火“恨客多”，宝玉与湘云净心修炼的机缘不成熟。那什么时候机缘才成熟了呢？应该是在贾家“家亡人散各奔腾”之后，宝玉、湘云经历了大劫大难，最终才走到了一起。那时只剩下他们两个了，他们可以从容地“蒲团坐纸帐”，一起参悟生命的奥秘了。

通过东坡诗，我们大致可以弄清楚了麒麟的象征意义，雪芹“因麒麟伏白首双星”的含义也就明白了。在雪芹的心中，麒麟是通天的神兽，带上它的人，最后一定会悟道成仙，而宝玉与湘云就是这样的一对。宝玉、湘云不可能再结为世俗的夫妻了，他们是神仙伴侣，他们的归宿在天上。其实，麒麟通天的意象除了在上面引的《赠月长老》中提到过，在东坡其他的诗文中也大量存在。东坡每欲幻想着去天空遨游一番的时候，麒麟就被拉来充当他的坐骑。如他的《献寿》诗：“终须跨个玉麒麟，方丈蓬莱走一巡。”这样的梦想雪芹也有，纵然他自己达不到，他也要让书中最钟爱的人物达到。也许这就是雪芹让宝玉和湘云每人都配上一个金麒麟的原因吧。

寒塘渡鹤影

“寒塘渡鹤影，冷月葬花魂。”这是湘云与黛玉中秋夜在大观园凹晶馆联诗中的两句，头一句出自湘云，后一句出自黛玉。书中说，两人在联了二十多句后，黛玉发现池中有一个黑影，湘云就弯腰拾了一块小石片向那池中打去，只见那黑影里嘎然一声，却飞起一个大白鹤来，直往藕香榭去了。白鹤激发了湘云的灵感，于是才有了“寒塘渡鹤影”这个金句。写这段书时，雪芹的头脑中是否有这样一篇著名的散文作为参照呢，这篇散文的题目是《后赤壁赋》，它的作者是东坡。

第七十六回，题目是“凹晶馆联诗悲寂寞”。中秋节，贾府阖家在大观园赏月。书中说，黛玉因见贾府中许多人赏月，贾母犹叹人少，不似当年热闹，又提宝钗姊妹家去母女弟兄自去赏月等语，不绝对景感怀，自去俯栏垂泪。湘云过来宽慰她，说：“你是个明白人，何必作此形象自苦。我也和你一样，我就不似你这样心窄。何况你又多病，还不自己保养。可恨宝姐姐，姊妹天天说亲道热，早已说今年中秋要大家一处赏月，必要起社，大家联句，到今日便弃了咱们，自己赏月去了。社也散了，诗也不作了。倒是他们父子叔侄纵横起来。你可知宋太祖说的好：‘卧榻之侧，岂许他人酣睡。’他们不做，咱们两个竟联起句来，明日羞他们一羞。”黛玉见她这般劝慰，不肯负她的豪兴，因笑道：“你看这里这等人声嘈杂，有何诗兴。”湘云笑道：“这山上赏月虽好，终不及近水赏月更妙。你知道这山坡底下就是池沿，山坳里近水一个所在就是凹晶馆。可知当日盖这园子时就有学问。这山之高处，就叫凸碧；山之低洼近水，就叫凹晶。这‘凸’‘凹’二字，历来用的人最少。如今直用作轩馆之名，更觉新鲜，不落窠臼。可知这两处一上一下，一明一暗，一高一矮，一山一水，竟是特因玩月而设此处。有爱那山高月小的，便往这里来；有爱那皓月清波的，便往那里去。”黛玉点头称是。

二人走下山坡，来到了凹晶溪馆，在两个湘妃竹墩上坐下。此时只见天上一轮皓月，池中一轮水月，上下争辉，如置身于晶宫鲛室之内。微风一过，粼粼然池面皱碧铺纹，令人神清气爽。两人正准备联诗，忽听笛韵悠扬起来。黛玉笑道：“今日老太太、太太高兴了，这笛子吹得有趣，例是助咱们的兴趣了。咱两个都爱五言，就还是五言排律罢。”于是，黛玉起头，用了一句现成的俗语：“三五中秋夕”，湘云接：“清游拟上元。撒天箕斗灿”……一直联了二十多句，到黛玉说出“壶漏声将涸”，湘云方欲联时，黛玉指池中黑影与湘云看道：“你看那河里怎么像个人在黑影里去了，敢是个鬼罢？”湘云笑道：“可是又见鬼了。我是不怕鬼的，等我打他一下。”因弯腰拾了一块小石片向那池中打去，只听打得水响，一个大圆圈将月影荡散复聚着几次。只见那黑影里嘎然一声，却飞起一个大白鹤来，直往藕香榭去了。黛玉笑道：“原来是它，猛然想不到，反吓了一跳。”湘云笑道：“这个鹤有趣，倒助了我了。”因联道：“窗灯焰已昏。寒塘渡鹤影”，黛玉听了，又叫好，又跺足，说：“了不得，这鹤真是助他的了！”黛玉冥思苦想，半日，猛然说有了，因对道：“冷月葬花魂”。湘云拍手赞道：“果然好极！非此不能对。好个‘葬花魂’！”一语未了，栊翠庵的妙玉从栏外山石后面转出来，笑道：“好诗，好诗，果然太悲凉了。不必再往下联，若底下只这样去，反不显这两句了，倒觉得堆砌牵强。”

湘云、黛玉凹晶馆联诗到此告一段落。雪芹在这里延续他设计好的思路，逢湘云必有东坡的影子。“寒塘渡鹤影”的情景，与东坡《后赤壁赋》所述相同。那天晚上，东坡与友人游赤壁，“时夜将半，四顾寂寥。适有孤鹤，横江东来，翅如车轮，玄裳缟衣，戛然长鸣，掠余舟而西也。”其实，不用等到“寒塘渡鹤影”，湘云说出“山高月小”时，人们就已经把她和东坡《后赤壁赋》联系起来了。《后赤壁赋》中有这样的句子：“江流有声，断岸千尺，山高月小，水落石出。”在这里，读者很清楚湘云引用的是东坡语，因为历来对深秋景色的描写，唯有东坡能如此简洁生动。

书中还有一个细节值得注意。那是在湘云、黛玉联诗之前。书中说，贾母带众人赏了一回桂花，又入席换暖酒来。正说着闲话，猛不防只听那壁厢桂花树下，呜呜咽咽，悠悠扬扬，吹出笛声来。这是把东坡《前赤壁赋》的场景又搬过来了。《前赤壁赋》中有这样一段描写：“客有吹洞箫者，倚歌而和之。其声呜呜然，如怨如慕，如泣如诉，余音袅袅，不绝如缕。”再看同时期东坡在赤壁写的一首诗，诗名《李委吹笛》，前面有个引子：“元丰五年十二月十九日，东坡生日，置酒赤壁矶下。酒酣，笛声起于江上。使人问之，则进士李委，闻坡生日，作新曲曰《鹤南飞》以献。”引子很长，这里是节选。引子最后：“委袖出嘉纸一幅，曰：‘吾无求于公，得一绝句足矣。’坡笑而从之。”李委吹笛献曲，求东坡一首绝句。东坡笑着答应了。下面就是东坡送李委的绝句：“山头孤鹤向南飞，载我南游到九嶷。下界何人也吹笛，可怜时复犯龟兹。”九嶷山，又名苍梧山。史书记载，舜南巡崩于苍梧之野，葬于江南九嶷。舜的两个妃子娥皇、女英闻之悲痛欲绝。她们不能相信丈夫真的离去了，不顾路途遥远，一路找寻来到了九嶷。苍梧山高湘水深，哪里才是我夫君？她们的眼泪化成了血水，滴在湘江岸边的翠竹上，点点成斑，泪痕不褪，于是就有了斑竹，又称湘妃竹。最后，绝望至极的娥皇、女英双双投江，民间传说中的湘江女神，指的就是她们两位。

湘江是古代楚国境内最大的河流，湘云的“湘”即湘水的“湘”。太虚幻境中湘云的判词就是“湘江水逝楚云飞”。还记得凹晶馆联诗，湘云、黛玉是坐在什么地方吗？书中说，她们是坐在“湘妃竹墩上”的。雪芹花费心机如此写湘云，是想对读者说，别把湘云当作一般人看。我们知道楚云指的是朝云，朝云是巫山女神，那意味着湘云与朝云一样，她们都不是世间的凡人，她们是女神。

我们回过头来再说“鹤”。鹤，在书中是湘云的象征。“寒塘渡鹤影”代表她的眼中景，心头事。在芦雪庵争联即景诗中，湘云也有“石楼闲睡鹤”的句子。雪芹描述湘云的样貌，说她“蜂腰猿背，鹤势螂形，”其中也带鹤。其实你细想，这样的相貌美吗？雪芹如此写，无非就是以鹤喻人，要突出一个“鹤”字给读者瞧。为什么要用鹤来比湘云呢？这也与东坡有关。东坡就自比为鹤。东坡《放鹤亭记》说：“盖其为物，清远闲放，超然于尘垢之外，故《易》《诗》人以比贤人君子隐德之士。”原来，在东坡眼中，鹤有“清远闲放，超然于尘垢之外”的品德，是“贤人君子”的代名词。东坡大量的诗文中都有鹤的形象，如：“我生如寄良孤畸，三尺长胫阁瘦躯（《鹤叹》）”；“梦中化为鹤，飞入长松寺（《以屏山赠欧阳叔弼》）”；“壶中春色饮中仙，骑鹤东来独惘然（《次韵赵德麟西湖新成见怀绝句》）”；“却后五百年，骑鹤还故乡（《戏作种松》）”；“人间俯仰三千秋，骑鹤归来与子游（《送蹇道士归庐山》）”。从这些诗句中我们还可以看出，在东坡的思想里，鹤不单是人品的象征，它与麒麟一样，还是个可以通天的神物，骑上它，有朝一日就能遨游于天地之间了。雪芹用鹤喻湘云，就是让她具备这种神性，在她完成了人间的“造劫历世”之后，重返仙境。

“凹晶馆联诗悲寂寞”一回书，雪芹安排湘云坐在湘妃竹墩上，眼前出现鹤影，耳畔响起笛音，带出东坡“孤鹤”“南游到九嶷”等诗句；再由东坡诗句暗示出湘云的最后结局。雪芹在《红楼梦》篇首曾叹“谁解其中味”，看了这回书，揣摩一下宝玉与湘云的前因后果，或许离雪芹所期许的那个“解味”之人就不远了。

湘云“割腥啖膻”

大碗喝酒大块吃肉，这样的词语一般用来形容梁山上的好汉。作为一个脂粉香娃，湘云兴致来了也这么展示了一下。她叫上宝玉，两人在园子里架起火来烤生鹿肉吃，引得凤姐儿、平儿、宝琴等人也都过来凑热闹，把整个大观园都给惊动了。黛玉说这种吃法像“叫花子”，湘云则回怼她“假清高”，说“是真名士自风流”。说起湘云的这种豪气，恰与几百年前的东坡一脉相通。且不提东坡那些激动人心的充满豪情的故事，只看他曾写下这样的诗句，就能有深切的感受。东坡说：“要当啖公八百里，豪气一洗儒生酸。”

第四十九回，题目是“琉璃世界白雪红梅，脂粉香娃割腥啖膻。”大雪天，大观园众人在芦雪庵吟诗赏雪。书中说，湘云听说府里有新到的鹿肉，便悄和宝玉计较道：“有新鲜鹿肉，不如咱们要一块，自己拿了园里弄着，又顽又吃。”宝玉听了，巴不得一声儿，便真和凤姐要了一块，命婆子送入园去。一时大家散后，进园齐往芦雪庵来，听李纨出题限韵，独不见湘云宝玉二人。黛玉道：“他两个再到不了一处，若到一处，生出多少故事来。这会子一定算计那块鹿肉去了。”正说着，只见李婶也来看热闹，因问李纨道：“怎么一个带玉的哥儿和那一个挂金麒麟的姐儿，那样干净清秀，又不少吃的，他两个在那里商议着要吃生肉呢，说的有来有去的。我只不信肉也生吃得的。”众人听了，都笑道：“了不得，快拿了他两个来。”黛玉笑道：“这可是云丫头闹的，我的卦再不错。”

这边的园子里，湘云一面吃，一面说道："我吃这个方爱吃酒，吃了酒才有诗。若不是这鹿肉，今儿断不能作诗。"说着，只见宝琴披着凫靥裘站在那里笑。湘云笑道："傻子，过来尝尝。"宝琴笑说："怪脏的。"宝钗道："你尝尝去，好吃的。你林姐姐弱，吃了不消化，不然她也爱吃。"宝琴听了，便过去吃了一块，果然好吃，便也吃起来。一时凤姐儿打发小丫头来叫平儿。平儿说："史姑娘拉着我呢，你先走吧。"小丫头去了。一时只见凤姐儿也披了斗篷走来，笑道："吃这样好东西，也不告诉我！"说着也凑着一处吃起来。黛玉笑道："哪里找这一群花子去！罢了，罢了，今日芦雪庵遭劫，生生被云丫头作践了。我为芦雪庵一大哭！"湘云冷笑道："你知道什么！'是真名士自风流'，你们都是假清高，最可厌的。我们这会子腥膻大吃大嚼，回来却是锦心绣口。"

湘云这段割腥啖膻的文章，雪芹是有所本的。本自何来？本自东坡对割腥啖膻的追捧和他一贯的生活态度。东坡喜欢前人说的"鸡猪鱼蒜，逢着便吃；生老病死，时至即行。"想喝酒就喝，想吃肉就吃，不必"装"，做人要真实自在才好。东坡在《约公择饮是日大风》这首长诗中，更是集中展现了他对自由、奔放、快意生活的向往，其收尾两句诗是："要当啖公八百里，豪气一洗儒生酸。"八百里，是牛的名字。辛弃疾词《破阵子》："醉里挑灯看剑，梦回吹角连营。八百里分麾下炙，五十弦翻塞外声，沙场秋点兵。"此八百里即彼八百里。东坡号召诸公一起割大块的牛肉来吃，让豪迈的气概把书生身上的酸气冲刷干净。何为"酸气"？湘云口中的"假清高"就是。这件事也反映出在《红楼梦》中，无论是生活态度还是思想意识，雪芹都刻意让湘云与东坡保持一致。

湘云醉眠芍药裀

读完《红楼梦》，史湘云留给读者印象最深的一幕是她“醉眠芍药裀”。那天宝玉过生日，湘云喝多了，溜到山石僻处一个石凳子上卧下，不一会就香梦沉酣。大家找到她时，只见四面芍药花飞了一身，满头满衣襟上皆是红香散乱，手中的扇子在地下，也半被落花埋了，一群蜂蝶闹穰穰的围着她，又用鲛帕包了一包芍药花瓣枕着。这么美的意境，非是雪芹凭空想象，在东坡那里早有蓝本。看东坡的《西江月》，那上面就有“我欲醉眠芳草”的记录。

第六十二回，回目是“憨湘云醉眠芍药裀”。裀，通茵，犹如垫子的意思。书中说，这天宝玉生日（平儿、邢岫烟、宝琴同一天），众人在大观园红香圃三间小敞厅内摆酒席庆生。大家先抓阄决定喝酒的次序。第一个阄抓的是“射覆”，即一个人出谜另一个猜，出谜叫“覆”，猜谜叫“射”。湘云嫌这个游戏“垂头丧气闷人”，她喜欢“拇战”，就是划拳，说“这个简断爽利，合了我的脾气。”到最后，湘云射覆、划拳一个也没少，酒当然也没少喝，她趁大家不注意，悄悄溜到外面凉快一会儿。这边游戏渐近高潮，大家正说笑着，只见一个小丫头笑嘻嘻地走来：“姑娘们快瞧云姑娘去，吃醉了图凉快，在山子后头一块青板石凳上睡着了。”众人听说，都笑道：“快别吵嚷。”说着，都走来看时，果见湘云卧于山石僻处一个石凳子上，业经香梦沉酣，四面芍药花飞了一身，满头满衣襟上皆是红香散乱，手中的扇子在地下，也半被落花埋了，一群蜂蝶闹穰穰地围着她，又用鲛帕包了一包芍药花瓣枕着。众人看了，又是爱，又是笑，忙上来推唤挽扶。湘云口内犹作睡语说酒令，唧唧嘟嘟说：泉香而酒洌，玉碗盛来琥珀光，直饮到梅稍月上，醉扶归。却为宜会亲友。众人笑推她，说道："快醒醒儿吃饭去，这潮凳上还睡出病来呢。"湘云慢启秋波，见了众人，低头看了一眼自己，方知是醉了。原是来纳凉避静的，不觉地因多罚了两杯酒，娇袅不胜，便睡着了。

湘云醉眠芍药裀是《红楼梦》最精彩的片段之一，把湘云娇憨可爱又大气的一面展现得淋漓尽致。这场面，读过东坡诗词的人应该熟悉。东坡在徐州有一首《登云龙山》："醉中走山黄茅冈，满冈乱石如群羊。冈头醉倒石作床，仰天白云天茫茫。歌声落谷秋风长，路人举首东南望，拍手大笑使君狂。"这首诗一看就知是醉酒后写的，光"冈"字就连着用了三次，诗也没写完，只有七句。人们喜爱这首诗，更因为它表现了东坡旷达顽皮的真性情。清代诗人刘廷玑在他的《黄茅冈诗》中说："满丘乱石也平平，一醉坡仙便著名。"一块普通的石板，因东坡曾醉卧其上而著名，人称"东坡石床"，现在去云龙山游玩仍然看得到，它就静卧在被叫作黄茅冈的一堆乱石之中。

东坡在黄州时，写过一首《西江月》，记录了他另一次"醉卧"的经历。这首词的前面有东坡的一段序言："顷在黄州，春夜行蕲水中，过酒家，饮酒醉。乘月至一溪桥上，解鞍，曲肱醉卧少休。及觉已晓，乱山攒拥，流水锵然，疑非尘世也。书此语桥拄上。"词曰："照野弥弥浅浪，横空隐隐层霄。障泥未解玉骢骄，我欲醉眠芳草。可惜一溪风月，莫叫踏碎琼瑶。解鞍欹枕绿杨桥，杜宇一声春晓。"序与词的大意是，春天的一个夜晚，在去蕲水的路上，路过一间酒馆，于是，就进去喝了几杯，喝醉了，把马拴在一边，自己在溪边的小桥旁躺下想休息一会，不知不觉睡着了。等醒来时，天已拂晓，风清月明，花草芳香。东坡心情大畅，作了这首词并书写在桥头的柱子上。

东坡醉眠芳草、醉眠青石板，湘云醉眠芍药裀，两个形象都很美。在雪芹眼里，湘云就是东坡美学思想的传人。

湘云曲子中的"玉堂"

太虚幻境中上演的十二支红楼梦曲子，其中有一首是说湘云的，叫《乐中悲》。曲子说湘云"好一似，霁月光风耀玉堂"，这个"玉堂"，指的是东坡。北宋设在皇宫中的翰林学士院被称为玉堂。东坡是翰林院最耀眼的大学士，世人遂以"玉堂"作为东坡的代称。东坡自已也说"我是玉堂仙"。曲子中还说"厮配得才貌仙郎，博得个地久天长。"在《红楼梦》中只提到过一个"仙"，那就是"坡仙"。所以，这个"才貌仙郎"指的也是东坡。

第五回，宝玉梦游太虚幻境。书中说，警幻仙姑叫上来十二个舞女，将新制的《红楼梦》十二支曲子演给宝玉看。表演前，警幻仙姑对宝玉说："此曲不比尘世中所填传奇之曲，必有生旦净末之则，又有南北九宫之限。此或咏叹一人，或感怀一事，偶成一曲，即可谱入管弦。若非个中人，不知其中之妙。"宝玉听了，果然不知其中之妙。实际上，这些曲子同《金陵十二钗图册判词》一样，都暗寓着书中主要人物的身世命运，是解锁《红楼梦》的一把钥匙。其第六支曲子是《乐中悲》："襁褓中，父母叹双亡。纵居那绮罗丛，谁知娇养？幸生来，英豪阔大宽宏量，从未将儿女私情略萦心上。好一似，霁月光风耀玉堂。厮配得才貌仙郎，博得个地久天长，准折得幼年时坎坷形状。终久是云散高唐，水涸湘江。这是尘寰中消长数应当，何必枉悲伤！"

这支曲子是关于史湘云的。内容很多，一时难讲明白。本篇单讲曲子中

“霁月光风耀玉堂”这一句。霁月，雨后天晴月朗的样子；光风，和煦的微风。古人用霁月光风形容人的坦荡开朗。耀，当然是照耀的意思。前面这几个字都容易理解，问题在最后两个字：玉堂。玉堂指的是什么？

现代人听到“玉堂”两个字，会跟一出京剧挂上钩，剧名叫《玉堂春》（又叫《苏三起解》），其中“苏三离了洪洞县”唱段脍炙人口，大街上的孩子都会唱两句。而实际上，苏三跟“玉堂”一点关系都没有。苏三是个妓女，号称色艺双绝，“玉堂春”是客人送给她的艺名，她的名字叫玉堂春。

历史上，真正的玉堂，是指宋代设在皇宫中的翰林学士院。学士院称为玉堂，在有关宋史的典籍中都能查到。沈括晚年撰写《梦溪笔谈》，追忆他当朝为官的日子，其中就有“学士院正厅曰玉堂”的记录。东坡宋哲宗元祐年间擢升翰林学士知制诰，从那时开始，人们就用“玉堂”代指东坡，称他为“苏玉堂”。东坡自己也说“我是玉堂仙”。下面再从东坡的诗词中看几个例子。《入寺》：我是玉堂仙，谪来海南村。《如梦令·寄黄州杨使君》：为向东坡传语，人在玉堂深处。《正月八日招王子高饮》：昨想玉堂空冷彻，谁分银榼送清醇。《武昌西山》：当时相望不可见，玉堂正对金銮开。《郭熙画秋山平远》：玉堂昼掩春日闲，中有郭熙画春山。《舟行至清远县，见顾秀才，极谈惠州风物之美》：至处聚观香案吏，此邦宜著玉堂仙。《次韵杨子中春日新堤书事见寄》：收得玉堂挥翰手，却为淮月弄舟人。

《红楼梦》中，雪芹是把湘云当作王朝云的化身来写的。本文开头讲“古人用霁月光风形容人的坦荡”，那位古人就是东坡的弟子黄庭坚。在《豫章集》中，黄庭坚称赞周敦颐“人品甚高，胸怀洒落，如光风霁月”。雪芹用东坡弟子语称赞湘云，其实也是一种暗示，暗示湘云属于“玉堂”，她的光风当然也要照耀在“玉堂”之上。

湘云的菊花诗

在湘云的倡议下，大观园诗社召开了一次以菊花为主题的诗会。大家以菊花为宾，以人为主，一共写了十二首咏菊的诗，其中湘云就占了三首，分别是“对菊”“供菊”和“菊影”。湘云这三首菊花诗，貌似天马行空自由想象，实际上每一首都与东坡有密切的关系。东坡说“菊残犹有傲霜枝”，湘云说“数去更无君傲世”“傲世也因同气味”，还说“看来唯有我知音”。接下来的“春风桃李”“醉眼朦胧”等典故也都是围绕着东坡来展开。

第三十八回，题目是“林潇湘魁夺菊花诗”。大观园诗社众人吃完螃蟹喝过烧酒之后，开始以菊花为题作诗。宝玉、宝钗、探春各作了两首，黛玉、湘云各作了三首，一共十二首。湘云三首分别是“对菊”“供菊”和“菊影”。对菊：“别圃移来贵比金，一丛浅淡一丛深。萧疏篱畔科头坐，清冷香中抱膝吟。数去更无君傲世，看来惟有我知音。秋光荏苒休辜负，相对原宜惜寸阴。”供菊：“弹琴酌酒喜堪俦，几案婷婷点缀幽。隔座香分三径露，抛书人对一枝秋。霜清纸帐来新梦，圃冷斜阳忆旧游。傲世也因同气味，春风桃李未淹留。”菊影：“秋光叠叠复重重，浅度偷移三径中。窗隔疏灯描远近，篱筛破月锁玲珑。寒芳留照魂应驻，霜印传神梦也空。珍重暗香休踏碎，凭谁醉眼认朦胧。”

湘云这三首菊花诗，每一首都与东坡有关系。看第一首《对菊》，其中“数去更无君傲世”一句，赞美菊花有傲世的品格，而将菊花与“傲”的形象连在一起，则始自东坡。东坡有一首七绝《赠刘景文》，诗曰：荷尽已无擎雨盖，菊残犹有傲霜枝。一年好景君须记，正是橙黄橘绿时。这首诗东坡用拟人化的手法，借咏菊花来赞美老友刘景文的一身傲骨。再看湘云下面的一句“看来唯有我知音”。知音，湘云跟谁“知音”？不用说是跟那个赞美菊花“傲”的人，那个人也即是东坡。在《供菊》一首中，湘云依然在强调菊花傲世的品格，依然在讲她与赞美菊花傲世的那个人“同气味”：“傲世也因同气味，春风桃李未淹留。”其实，湘云这么写，还有她更深一层的意思。要弄清楚这层意思，先要了解一下“同气味”和“春风桃李”这两个典故。

这两个典故都出自东坡的大弟子黄庭坚。先说“同气味”。黄庭坚年轻时写过一首长诗《上苏子瞻》，在盛赞了东坡的人品学识之后，还表达了欲投身东坡门下为弟子的心愿。诗的最后两句是：“大小才则殊，气味固相似”。意思是论才气我当然不能和您比，但做人的情调趣味我跟您是一致的。再说“春风桃李”。黄庭坚有一首诗：《寄黄几复》，其中“桃李春风一杯酒，江湖夜雨十年灯”两句是传世的名句，是写朋友情谊的经典。大意是：当年我们在春风桃李下共饮美酒共度好时光，如今落魄江湖，一别十年，孤灯秋雨中我从没有停止过对你的思念。不难看出，湘云这里是借黄庭坚之口来表达自己对东坡的情意。

最后说说“菊影”。湘云诗中“踏碎”的意象来自东坡的一首《西江月》。这首《西江月》的下半阕开头是：“可惜一溪风月，莫叫踏碎琼瑶”。琼瑶，原指美玉，这里比喻月光波影。《菊影》中的“珍重暗香休踏碎”与《西江月》中的“莫叫踏碎琼瑶”表达的是同一个意思，即对美好的事物要有敬畏、珍惜之意。《菊影》最后一句中的“醉眼朦胧”，出自东坡《杜介送鱼》一诗中的“醉眼朦胧觅归路，松江烟雨晚疏疏”。

雪芹写湘云，处处晃着东坡的影子，有时候比较明显，有时候则比较朦胧，读者要沉下心来方能领会雪芹的用意。

湘云的柳絮词

暮春之际，柳花飘舞。湘云触景生情，便填了一首词，词牌是《如梦令》。大观园诗社的传统是作诗，填词这是第一次，也是唯一的一次。雪芹写湘云填词的动机是要影射东坡与朝云的一段往事。东坡有一首名为《蝶恋花》的词，上半阕是：“花褪残红青杏小，燕子飞时，绿水人家绕。枝上柳绵吹又少，天涯何处无芳草。”这首词曾经感动过无数的人，至今仍然是传诵的经典。而这首词背后的故事同样感人，只可惜知者寥寥。

第七十回，题目是“林黛玉重建桃花社，史湘云偶填柳絮词”。书中说，时值暮春之际，史湘云无聊，因见柳花飘舞，便偶成一小令，调寄《如梦令》，其词曰：“岂是绣绒残吐，卷起半帘香雾，纤手自拈来，空使鹃啼燕妒。且住，且住！莫使春光别去。”自己作了，心中得意，便用一条纸儿写好，与宝钗看了，又来找黛玉。黛玉看毕，笑道：“好，也新鲜有趣。我却不能。”湘云笑道：“咱们这几社总没有填词。你明日何不起社填词，改个样儿，岂不新鲜些。”黛玉听了，偶然兴动，便说：“这话说得极是。我如今便请他们去。”说着，一面吩咐预备了几色果点之类，一面就打发人分头去请众人。这里她二人便拟了柳絮之题，又限出几个调来，写了绾在壁上。

作咏絮词是大观园诗社最后的一次聚会。在北方，柳絮一飘，说明春天就要过去了。所以，柳絮诗词一般都是写伤春。咏絮因湘云而起，且提议

“改个样儿”，不作诗改成填词，背后暗含着王朝云的一段往事。

东坡有一首著名的词《蝶恋花》，词的上半阕是：“花褪残红青杏小，燕子飞时，绿水人家绕。枝上柳绵吹又少，天涯何处无芳草。”这首词是东坡早年因伤春而写，谪居惠州时，一日与人闲聊偶然说到这首词，就让朝云唱一遍。朝云开口唱了两句，忽然就停了下来，一时间泪如雨下。东坡很诧异，忙问缘故。朝云说：“我最难过‘枝上柳绵吹又少，天涯何处无芳草’这两句。柳絮告别了春天，浪迹天涯，抛家傍路，任凭风雨吹打，我们今天的情形不也一样吗？”东坡听了黯然无语。后来朝云在惠州病逝，东坡遂终身不复听此词。这段往事被宋人写入《词谈》、写入《夜话》，流传很广。后世文人说到柳絮词，会首先想到东坡、朝云的这段故事，在他们眼中，朝云与柳絮词是紧密连在一起的。书中湘云的《如梦令》，满纸惜春、伤春之情，特别是“且住，且住！莫使春光别去”这一段，字字是祈祷、是哀求，几乎能看到少女一颗滴血的心。朝云若在，耳边会有《蝶恋花》的旋律吧。

东坡还有一首咏杨花的词，词牌是《水龙吟》，在诗词史上非常著名。王国维在他的《人间词话》中就评论道：“咏物之词，自以东坡《水龙吟》为最工。”在诗人眼中，杨花与柳花是一样的东西，可以互通，咏杨花即是咏柳花。这首词名为《水龙吟·次韵章质夫杨花词》，读者可以和《蝶恋花》对照着看一下。词曰：“似花还似非花，也无人惜从教坠。抛家傍路，思量却是，无情有思。萦损柔肠，困酣娇眼，欲开还闭。梦随风万里，寻郎去处，又还被，莺呼起。不恨此花飞尽，恨西园，落红难缀。晓来雨过，遗踪何在，一池萍碎。春色三分，二分尘土，一分流水。细看来，不是杨花，点点是离人泪。”

回到《红楼梦》书中。继湘云之后，黛玉、宝钗等大观园诗社的成员们也都各自呈上了自己的咏絮词。细看下来，她们的每首词里都泛着东坡咏絮的影子。先看宝钗的这首《临江仙》，前半阕是：“白玉堂前春解舞，东风卷得均匀。蜂围蝶阵乱纷纷，几曾随逝水？岂必委芳尘？”宝钗对自己的这首词有个解释，她说：“柳絮原是一件轻薄无根无绊的东西，然依我的主意，偏要把它说好了，才不落俗套。所以我诌了一首来，未必合你们的意思。”先摆明了她是要跟大家对着干。实际上，这是雪芹让她跟东坡对着干。东坡《水龙吟》说“春色三分，二分尘土，一分流水”；宝钗说春色跟尘土、跟流水没关系。她反问东坡：“几曾随逝水？岂必委芳尘？”那柳絮去哪里了？她说：“好风频借力，送我上青云。”这真符合这个“任是无情也动人”姑娘的口吻。薛宝琴做的是一首《西江月》，其中“江南江北一般同，偏是离人恨重”这两句，是呼应东坡《水龙吟》：“细看来，不是杨花，点点是离人泪”。黛玉做的是一首《唐多令》，这句：“嫁与东风春不管，凭尔去，忍淹留”则是翻用了东坡另外一首赠朝云词的词意。那首词的词牌是《南歌子》，其最后一句是：“莫翻红袖过帘栊，怕被杨花勾引嫁东风。”

过去提到咏絮词，人们会想到东坡、朝云；看过《红楼梦》后再提到咏絮词，人们会把湘云加进来，从而产生湘云与东坡、朝云有某种关系的联想。这是雪芹早就设计好了的，也是他让湘云发起这次咏絮诗社并用大篇幅描写的用意之一。

湘云的幽默

看过《红楼梦》的人都知道湘云豪爽、有侠气，然而湘云的幽默感却绝少有人提起。这段湘云拿宝玉开玩笑的文字很有趣，让读者看到了一个不一样的湘云。我们说过，湘云身上的特质是按照东坡的审美量身订制的，东坡在中国文人士大夫群中，就是最有幽默感的一个。东坡幽默故事在正史中有，在野史中有，在民间流传的更多。国人喜欢东坡，历朝历代都有一大批忠实的“苏粉”，与他幽默的个性密不可分。

第五十七回，题目是“慧紫鹃情辞试宝玉”。黛玉的丫鬟紫鹃为了试探宝玉的心思，谎说林家要派船来接黛玉回苏州。书中说，宝玉听了，便如头顶上响了一个焦雷一般，两个眼珠直直的，口角边津液流出，皆不知觉。听说宝玉得了急症，贾家上下慌作一团，都过来探望。有人报“林之孝家的来瞧哥儿”，宝玉听了一个“林”字，便满床闹起来，说：“了不得了，林家的人接他们来了，快打出去吧！”又一眼看见了什锦格子上陈设的一只金西洋自行船，便指着乱叫说：“那不是接他们来的船来了，湾在那里呢。”过了阵子，宝玉病好了，湘云去看他，便将他病中狂态形容了与他瞧，引的宝玉自己伏枕而笑。

过了些日子，宝玉能起来走路了，正好是清明节，袭人就劝他到园子里去散散心。宝玉拄了一支杖，趿着鞋，步出院外。因近日将园中分与众婆子料理，各司各业，皆在忙时，也有修竹的，也有弄树的，也有栽花的，也有种豆的，池中又有驾娘们行着船夹泥种藕。香菱、湘云、宝琴与丫鬟等都坐在山石上，瞧他们取乐。宝玉也慢慢行来。湘云见了他来，忙笑说："快把这船打出去，他们是接林妹妹的。"众人都笑起来。

这是湘云打趣宝玉的一个例子。湘云气质里有幽默爱闹的成分，跟东坡一样。幽默是东坡有别于其他历史人物最显著的特质，这个特质在中国士大夫人群中十分稀有，在东坡身上却非常突出。一提到东坡，老百姓心目中很自然就浮现出一个亲切随和、幽默风趣的形象，这也是东坡历朝历代都深受国人喜爱的一个重要原因。下面就说几个东坡幽默爱闹的小故事。

东坡有个爱写诗的亲戚，写了诗总想让东坡给点评一下。一次写了一首贺雨的诗，自己对其中的两句很得意。这两句是："打叶雨拳随手重，吹凉风口逐人来。"东坡看了说："把雨比拳头，这能叫诗？"那个亲戚听了，也觉得有些过分，嗫嚅地说："这句是我喝醉了的时候作的，不算数，下次不会这样。"过几天他又写了一首诗拿给东坡看，东坡没看完就笑了，说："你又喝醉了！"

大画家米芾个性怪异，举止癫狂，时人称其为"米癫"。在一次宴会上，米芾忽然从座中站起来对东坡说："有件事麻烦您给评评理。外面的人都说我癫，我癫吗？"东坡佯作思考状，然后认真地回答说："我从众。"举座大笑。

东坡的弟子秦观是个美髯公，有人拿他的大胡子调侃，秦观却得意地对众人夸耀道："君子多乎（胡）哉！"听到秦观引《论语》，旁边的东坡马上还了一句："小人樊须也！"（两人都引《论语》，意思都是指"胡子多"这回事，秦观自称是"君子"，东坡逗他说是"小人"。）

东坡平时爱开玩笑，大难临头的时候也不忘幽自己一默。他写诗激怒了朝廷，皇帝派人到湖州来抓他。在被绑得结结实实之际，他居然想起了一个笑话。那是宋真宗的时候，有个人叫杨朴，很会作诗，真宗欲提拔他，命他当场作一首诗呈上来。杨朴不愿意当官，忙推辞说不会。真宗问他："你来的时候有人作诗给你送行吗？"杨朴说："别人没有，只有拙荆（我老婆）作了一首绝句。"真宗命他念来听听。杨朴老婆的诗是："且休落魄贪杯酒，更莫猖狂好吟诗。今日捉将官里去，这回断送老头皮。"真宗听了哈哈大笑，就此免了让杨朴当差的念头。东坡对妻子王闰之说："你也学学杨朴的老婆，作首诗送送我呗！"王闰之被气乐了，心想都什么时候了，还忘不了作诗！她不但没作诗送他，回家把官府抄家剩下的诗文也一把火全烧了。

东坡也有开玩笑开过头的时候。

他的朋友刘攽晚年因病导致鬓眉脱落、鼻梁塌陷。在一次聚会上，东坡把刘邦的《大风歌》改成"大风起兮眉飞扬，安得壮士兮守鼻梁"，逗得众人哄堂大笑，让刘攽很生气。在另一次聚会上，有朋友叫自己家的歌妓上台表演，其中一个胖胖的歌妓唱罢向东坡乞诗。东坡夸她（夸张地形容她）"躯干甚伟"，提笔写了四句诗赠她："舞袖蹁跹，影摇千尺龙蛇动；歌喉婉转，声撼半天风雨寒。"虽然大家都知道东坡是开玩笑，但那样形容人家的长相和表演，女孩子一定不开心。

大观园的女孩儿们相互打趣玩笑仿佛是日常功课，其中不乏具有幽默感之人。在"贾元春归省庆元宵"一回中，宝钗私下为宝玉的诗改了一个字，宝玉开心地说："从此我只叫你师傅，再不叫姐姐了。"宝钗悄悄地回道："谁是你姐姐？那上头穿黄袍的才是你姐姐。"宝钗这儿也算是一种幽默了，但能在众人面前大声玩笑的就只有湘云了，这是性格使然，在这一点上能看到东坡的传承。

湘云的侠气

湘云听说邢岫烟受了欺负，立时就要冲出去找欺负她的那些老婆子丫头们算账。黛玉嘲笑她像侠客荆轲、聂政，专爱打抱不平。从湘云联想到东坡，这样的侠气，在东坡很小的时候就有所表现。东坡在一首诗中说自己“予昔少年日，气盖里闾侠。自言似剧孟，叩门知缓急”。意思是他小时候跟侠客剧孟一样，专爱扶弱济贫、打抱不平。长大以后，无论顺境还是逆境，无论居庙堂之高还是处江湖之远，这股豪侠之气从未改变。正如苏辙在《亡兄子瞻端明墓志铭》中所说：“其于人，见善称之如恐不及，见不善斥之如恐不尽；见义勇于敢为，而不顾其害。”

第五十七回。书中说，邢夫人的侄女邢岫烟与迎春住在一起，岫烟家贫，一个月总共二两银子的月钱，还要省下一两给她爹妈送出去。邢夫人跟她说：“要使什么，横竖有二姐姐的东西，能着些儿搭着就使了。”岫烟不够使，私下跟宝钗诉苦道：“姐姐想，二姐姐也是个老实人，也不大留心，我使他的东西，他虽不说什么，她那些妈妈丫头，哪一个是省事的，哪一个是嘴里不尖的？我虽在那屋里，却不敢很使他们，过三天五天，我倒得拿出钱来给他们打酒买点心吃才好。因一月二两银子还不够使，如今又去了一两。前儿我悄悄地把棉衣服叫人当了几吊钱盘缠。”宝钗把这件事跟黛玉、湘云说了，黛玉便说兔死狐悲物伤其类，不免感叹起来。史湘云便动了气说：“等我问着二姐姐去！我骂她那起子老婆子丫头一顿，给你们出气如何？”说着便要走。宝钗忙一把拉住，笑道：“你又发疯了，还不给我坐下呢！”黛玉笑道：“你要是个男人，出去打一个抱不平儿。你又充什么荆轲、聂政？真真好笑。”

这一回书中突出的是湘云身上那一股豪侠之气。这股气在东坡身上也有。东坡有一首长诗《闻潮阳吴子野出家》，开头四句是：“予昔少年日，气盖里闾侠。自言似剧孟，叩门知缓急。”剧孟，洛阳人，西汉著名的游侠，爱打抱不平，扶弱济贫。剧孟当时在各诸侯国都享有很高的声誉。据说他母亲故世，前来送葬的车辆达千乘之多。东坡自比剧孟，说自己少年时就有侠义心肠，遇到乡亲父老有急难事，他会毫不犹豫地出手相救。这种侠肝义胆，在日后东坡为官时也有淋漓尽致的体现。下面讲一个东坡徐州抗洪的故事。

徐州地处黄河的下游，每当黄河泛滥，徐州受灾的程度都在最严重的州郡之列。熙宁十年（1077 年），四十一岁的东坡从密州调任徐州太守。上任不到三个月，黄河澶州段的大堤决口，水淹了四十多个州郡和三十万顷良田。东坡紧急召集徐州民众作防洪准备。当时大水已经涌到了城下，徐州城里人心慌慌，有钱的人纷纷收拾好细软准备出逃。东坡顶着大雨站在城头上对众人喊话，他说：“大家不要慌！我是郡守苏轼，我在这里，我的僚属、家人、孩子都在这里。现在需要我们同心协力，一起来保卫徐州。大家放心，有我在，大水就进不了徐州城！”众人见太守没走，心里安定了许多。在接下来的几十天里，东坡率领全城军民筑堤修坝，加固城墙，没日没夜坚守在抗洪的前线，用东坡自己的话说，就是“躬亲畚筑，日夜守捍。”东坡后来有诗形容当时的场景：“去年重阳不可说，南城夜半千沤发。水穿城下作雷鸣，泥满城头飞雨滑。”（《九日黄楼作》）面对汹涌的洪水，危险时刻都在，但是，正如徐州的百姓所言，哪里有危险哪里就有东坡。为了徐州城的父老乡亲，东坡早已把自己的安危置之度外。这样的胸怀和胆量，与东坡少年时所崇拜的侠客们相比，有过之而无不及。

此外，书中黛玉说的一句话也值得注意，她说“你又充什么荆轲聂政”。荆轲、聂政是春秋战国时代侠客的代表人物，《史记》中有传。但是，有一个细节，《史记》中是把聂政排在前、荆轲排在后的，两人相差了二百二十年。后世之人提到他们也是说聂政、荆轲。独东坡的《留侯论》把荆轲排在了聂政的前面。《留侯论》："子房以盖世之才，不为伊尹、太公之谋，而特出于荆轲、聂政之计，以侥幸于不死，此圯上老人所为深惜者也。"雪芹通过黛玉对湘云说的这段话，把他笔下有东坡这个消息不露声色地透露了出来。

湘云的咬舌

湘云有一点“咬舌”的毛病，个别字音咬不准，把“二哥哥”说成“爱哥哥”。但是，越这样写越显得湘云娇俏可爱。这个美学原理要从东坡那里去找。东坡曾经说：“貌妍容有颦，璧美何妨椭。端庄杂流丽，刚健含婀娜。”意思是，娇好的容颜容许有一点像皱眉这样的缺憾，玉璧只要质地好，“椭”一点（即不是很圆）也不会影响它的价值；只有“端庄”不行，还要有一点调皮、一丝俏丽来配合；纯“刚健”也不行，还要带着些许的柔媚与婀娜。这样的美才是独具特色的美，才是真正意义上的美。

第二十回，史湘云首次登场。书中说，宝玉、黛玉正在说话，只见湘云走来，笑道：“二哥哥，林姐姐，你们天天一处玩，我好容易来了，也不理我一理儿。”黛玉笑道：“偏是咬舌头爱说话，连个‘二’哥哥也叫不出来，只是‘爱’哥哥‘爱’哥哥的。回来赶围棋儿，又该你闹‘幺爱三四五’了。”宝玉笑道：“你学惯了她，明儿连你还咬起来呢。”在这段话的下面有一段脂砚斋的批语，批语说：“可笑近之野史中，满纸羞花闭月，莺啼燕语，殊不知真正美人方有一陋处，如太真之肥，飞燕之瘦，西子之病，若施于别个不美矣。今见‘咬舌’二字加之湘云，是何等大法手眼敢用此二字哉！不独不见其陋，且更觉轻俏娇媚，俨然一娇憨湘云立于纸上，掩卷合目思之，其‘爱厄’娇音如入耳内，然后将满纸莺啼燕语之字样填粪窟。”

雪芹在《红楼梦》中写了那么多女性，连主人带丫鬟、婆子一共上百人，都没见写她们身体有什么毛病，独对湘云，给她添上了一个“咬舌”的毛病。咬舌，就是有些字音发不清楚，比如把“二”说成“爱”，“二哥哥”说成了“爱哥哥”。但是，正如脂砚斋批语所说，唯其如此才更觉湘云的可爱。雪芹这样写是有充足的美学依据的。这样的美学依据要从东坡那里去找。

东坡在《次韵子由论书》一诗中，阐述了一个重要的美学观点，他认为“貌妍容有颦，璧美何妨椭。端庄杂流丽，刚健含婀娜”。意思是，娇好的容颜容许有一点像皱眉这样的缺憾，玉璧只要质地好，“椭”一点（即不是很圆）又有什么妨害？一味“端庄”不见得是最好，在适当的时候要表现出明快和绚丽的色彩；纯刚健也不行，还要附带着一点柔媚、一点婀娜。东坡认为，这样的美才是独具特色的美，才是真正意义上的美。

雪芹写湘云完全遵循东坡的美学思想，在另一回中还特意加了这样一段描写，算是给东坡的论述再加上一个注释。书中第二十一回，宝玉一清早去看黛玉、湘云，两人还没睡醒，尚卧在衾内。黛玉是严严密密裹着一幅杏子红绫被，安稳合目而睡，“那史湘云却一把青丝拖于枕畔，被只齐胸，一弯雪白的膀子撂于被外，又带着两个金镯子。”一个黛玉，一个湘云。一个纯“端庄”，睡觉都挑不出一点毛病；一个“端庄杂流丽”，脖子、膀子都露在了外面。试问这两个女孩儿哪个更美，哪个更可爱？我想大部分人会说是湘云。别的不提，湘云起码有两点胜过黛玉：一个是身体好，火力壮；一个是性格好，不拘束。

最后再说一件小事。书中有一段写贾琏与熙凤吵架的事，书中说他们夫妻吵完安静下来之后，“贾琏见熙凤脸黄黄的，更添了几分妩媚。”这说明了什么呢？说明东坡“貌妍容有颦，璧美何妨椭”的审美观可能已经在雪芹的心中扎了根，不经意间就会流露出来。

湘云的心直口快

心直口快，一点不会装，是湘云身上的大特色，是她讨人喜欢的原因，但往往也因此而得罪人。她得罪过宝玉，得罪过黛玉，宝钗是因为大度不和她计较，否则也早就被她气着了。东坡一生坎坷，几起几落，曾经被发配到黄州、惠州、儋州，原因当然是多方面的，但无须讳言，心直口快的性格也是其中之一。东坡在官场不会打官腔，跟朋友处不会摆架子，有什么说什么，一辈子不会说假话，不会逢迎，不会见风使舵。他活得是那样的真实自在、洒脱可爱，难怪林语堂会说“一提到苏东坡，在中国总会引起人亲切敬佩的微笑”。

在《红楼梦》书中，有很多处重点写湘云心直口快的性格。如第二十一回，书中说，王夫人、薛宝钗、林黛玉众姊妹正在贾母房内坐着，就有人回：“史大姑娘来了。”一时果见史湘云带领众多丫鬟媳妇走进院来。众人围着湘云说笑，聊到湘云淘气的往事，宝钗笑着问湘云的奶妈：“周妈，你们姑娘还是那么淘气不淘气了？”周奶娘也笑了。迎春笑道：“淘气也罢了，我就嫌她爱说话。也没见睡在那里还是咭咭呱呱，笑一阵，说一阵，也不知哪里来的那些话。”第三十二回，湘云当着宝玉、袭人的面夸赞宝钗，宝玉道：“罢，罢，罢！不用提这个话。”史湘云道：“提这个便怎么？我知道你的心病，恐怕你的林妹妹听见，又怪嗔我赞了宝姐姐。可是为这个不是？”袭人在旁嗤地一笑，说道：“云姑娘，你如今大了，越发心直口快了。”第四十九回，书中说，如今香菱正满心满意只想作诗，又不敢十分啰唣宝钗，可巧来了个史湘云。那史湘云又是极爱说话的，哪里禁得起香菱又请教她谈诗，越发高了兴，没昼没夜高谈阔论起来。宝钗因笑道："我实在聒噪得受不得了。一个女孩儿家，只管拿着诗作正经事讲起来，叫有学问的人听了，反笑话说不守本分的。一个香菱没闹清，偏又添了你这么个话口袋子。"宝钗最后总结说："呆香菱之心苦，疯湘云之话多。"湘云、香菱听了，都笑起来。正说着，只见宝琴来了，披着一领斗篷，金翠辉煌，不知何物。宝钗忙问："这是哪里的？"宝琴笑道："因下雪珠儿，老太太找了这一件给我的。"香菱上来瞧道："怪道这么好看，原来是孔雀毛织的。"湘云道："哪里是孔雀毛，就是野鸭子头上的毛作的。可见老太太疼你了，这样疼宝玉，也没给他穿。"宝钗道："真俗语说'各人有缘法'。她也再想不到她这会子来，既来了，又有老太太这么疼她。"湘云道："你除了在老太太跟前，就在园里来，这两处只管玩笑吃喝。到了太太屋里，若太太在屋里，只管和太太说笑，多坐一回无妨，若太太不在屋里，你别进去，那屋里人多心坏，都是要害咱们的。"说的宝钗、宝琴、香菱、莺儿等都笑了。宝钗笑道："说你没心，却又有心，虽然有心，到底嘴太直了。"宝钗话刚说完，湘云就又上演了一出嘴太直的戏码。书中说，湘云瞅着穿着凫靥裘的宝琴半日，笑道："这一件衣裳也只配她穿，别人穿了，实在不配。"湘云这里是实话实说，但她哪里知道，只因夸了宝琴一个，却把那一屋子人都得罪了。

书中还有一回写湘云心直口快得罪了黛玉的事。第二十二回，贾家看戏，贾母喜欢一个唱小旦的，凤姐说："这个孩子扮上活像一个人。"大家都知道她说的是谁，但都不吭声，只有湘云笑着接过话说："倒像林妹妹的模样儿。"黛玉最烦别人拿戏子比她，湘云脱口而出的这句话让她很不开心，连带把好心和稀泥的宝玉也骂了一顿。

心直口快是雪芹刻画湘云的一大特点，而历史上真实的心直口快人物，其最知名者则非东坡莫属。

东坡踏入仕途的时候，正逢朝廷实行新政，即史书上称为"王安石变法"的时期。从社会底层上来的东坡目睹了新法给百姓生活带来的不便，多次给皇帝上疏，反对新法。神宗皇帝本来很赏识东坡，宰相王安石也认为东坡的才华本朝第一，如果东坡不是那么心直口快，毫不掩饰地抨击新法，他完全可以在朝继续为官，并得到升迁。一些老朋友看出形势不好，都来劝东坡少说话，东坡不管这些，更写了一篇《拟进士对御试策》呈送朝廷，将变法后的局势形容为“乘轻车，驭骏马，冒险夜行，而仆夫又从后鞭之。”这下彻底得罪了掌权的变法派，他们联合起来排挤他，将他撵出了京城。

按东坡当时的资历，即便被外放，他也可以担任地方上的一把手，即知州。因为他反对新法的话太多，最后只给了个通判的差遣，派到杭州当副手，协助知州办事。被降级使用的东坡到了杭州，照理说该有所反省，说话注意一点，但他没有，依然快人快语。那时朝廷派沈括（就是《梦溪笔谈》的作者）巡查地方，临行前，神宗皇帝召见他，说：“你到杭州可与苏轼好好聊聊，他是那里的通判。”沈括明白皇帝这么说是要他考察一下东坡。沈括与东坡两人原本不熟，东坡对沈括的为人也不大清楚，见沈括奉旨前来，便热情地接待了他，还敞开心扉对沈括谈了自己对当前政局的看法。临别时沈括请东坡将新近作的诗文抄录一份给他，说要认真拜读并留作纪念。东坡哪知有诈，就爽快地答应了。沈括回京后把东坡与他聊天的内容和东坡抄给他的诗文作了一番整理，在上交朝廷的同时还给东坡安上了一顶“讪怼朝廷”的帽子。沈括的揭发材料成为日后东坡被捕下狱即“乌台诗案”的一大罪证。

所谓“诗案”，是指因为写诗表达意见而成的案。东坡被关押了四个多月，侥幸逃过一死，后被夺去官职，贬谪到黄州。当时东坡也曾发誓今后要管住自己的嘴，少说话，说“平生文字为吾累，此去声名不厌低”。但说归说，通过一件事，我们就可以看到东坡到底改了没有。那是元祐元年的一天，已回朝担任翰林学士的东坡与众臣僚参加完皇家的一个有音乐歌舞的典礼，当时传来了司马光去世的消息，大家急着要去司马光家里吊唁。理学大师程颐把众人拦住，引《论语》话说：“子于是日哭则不歌。”意思是一天之内不能又哭又唱，这样与礼制不合。东坡觉得孔子不是这个意思，孔子说“哭则不歌”，但他并没有说“歌则不哭”，大家典礼上唱歌的时候，谁能料到司马光去世了？现在程颐无视大家的情感，曲解孔子的语录，还说是“礼制”，难道不可笑吗？于是，当着众人的面，东坡忍不住怼程颐道：“这是哪个制的礼呀？是鏖糟陂里叔孙通制的吧！”“鏖糟陂里”四个字很难写，也很拗口，大概相当于现在“水货”的意思。此话一出，臣僚们哄堂大笑，让程颐很没面子，心里恨恨的。东坡这次为自己日后遭报复又埋下了一个祸根。

东坡这样评价自己：“余性不慎语言，与人无亲疏，辄输写腑脏。有所不尽，如茹物不下，必吐出乃已，而人或记疏以为怨咎，以此尤不可与深中而多数者处”（《密州通判厅题名记》）。意思是我说话一向不谨慎，见人不分亲疏都要讲出心里话。有话不说，如饭菜卡在喉中，非吐出来不可。这样得罪了很多人，特别是那些城府很深的人。东坡说自己“交浅屡言深（跟没什么交情的人也掏心掏肺）”，很“愚”（《和潞公超然台》）。认识到了不见得能做到，东坡终其一生都没改心直口快的“毛病”。

对照湘云看东坡，可知其心直口快的性格，雪芹也是比照着东坡来写的。

湘云的装束

湘云怎么打扮、她的装束如何，书中着墨不多，唯一的一次是在她“割腥啖膻”雪天与宝玉一起烤鹿肉吃的那一回。书中说湘云“头上戴着一顶挖云鹅黄片金里大红猩猩毡昭君套，又围着大貂鼠风领。”黛玉笑她这身打扮像个“小骚达子”。其实，雪芹这么写湘云，他眼里在瞄着一个人，那个人就是《江城子·密州出猎》中“锦帽貂裘”的太守，东坡。让黛玉说出“小骚达子”这几个字，也是为了呼应东坡词中所指的西北少数民族。那首词的结尾是：“会挽雕弓如满月。西北望，射天狼”。

《红楼梦》的一大特色，是通过对人物服装饰品的描写来突显其身份及性格。第四十九回“琉璃世界白雪红梅，脂粉香娃割腥啖膻”有一段对湘云装束的描写。书中说，宝玉等人正在大观园商议赏雪吟诗之事，一时史湘云来了，穿着贾母与他的一件貂鼠脑袋面子大毛黑灰里子里外发烧大褂子，头上戴着一顶挖云鹅黄片金里大红猩猩毡昭君套，又围着大貂鼠风领。黛玉先笑道：“你们瞧瞧，孙行者来了。她一般的也拿着雪褂子，故意装出个小骚达子来。”湘云笑道：“你们瞧瞧我里头打扮的。”一面说，一面脱了褂子。只见他里头穿着一件半新的靠色三镶领袖秋香色盘金五色绣龙窄褃小袖掩衿银鼠短袄，里面短短的一件水红装缎狐肷褶子，腰里紧紧束着一条蝴蝶结子长穗五色宫绦，脚下也穿着鹿皮小靴，越显得蜂腰猿背，鹤势螂形。书中第六十三回还有一句说湘云“素习憨戏异常，她也最喜武扮的，每每自己束銮带，穿褶袖。”

全书描写湘云装束的文字就这么多，潇洒干练，透着英气。黛玉笑她像个“小骚达子”。达子，通常写成鞑子，是中原人对北方游牧民族的代称。不见得有什么贬义，也说不上是敬语。若前面加上“小骚”两个字，十足就是骂人了。骚，这里指身上带有羊膻味儿，跟接下来湘云、宝玉等人烤鹿肉割腥啖膻的故事接榫。把湘云的这套穿着同她谈笑的气势连起来，读者一定会想到一个人，想到那个人出猎时的模样，那个人当然是东坡。东坡在山东，有一首著名的词《江城子·密州出猎》，相信大家都知道。词曰：“老夫聊发少年狂。左牵黄，右擎苍。锦帽貂裘，千骑卷平冈。为报倾城随太守，亲射虎，看孙郎。酒酣胸胆尚开张，鬓微霜，又何妨。持节云中，何日遣冯唐。会挽雕弓如满月，西北望，射天狼。”这里的“西北”也是指觊觎中原的北方的少数民族，也即鞑虏，跟清朝末年孙中山组织同盟会提出“驱除鞑虏恢复中华”的“鞑虏”是同一个意思。湘云一身锦帽貂裘，东坡一身锦帽貂裘，还都跟西北、跟“达子”产生联想，雪芹这是有意为之。近代学人吴克歧有一本研究《红楼梦》版本的专著，书名叫《犬窝谭红》，作者说他曾见到过一个手抄残本，形容湘云的文字与一般抄本略有不同。一般钞本是“蜂腰猿背，鹤势螂形”，残本是“越显得婀娜中有刚健之态。”如果残本是原笔，那更说明雪芹是按照东坡的模子写湘云了。因为，“刚健含婀娜”这句话正是东坡所说，是东坡独创的美学观点。

南安太妃

《红楼梦》出场的郡王一共有四位，分别是东平、南安、西宁和北静。其中北静王着墨最多，他最亲近的人是宝玉。其次是南安太妃，她与湘云的关系非同一般。南安与北静，一南一北；一个是王妃，一个是郡王；一个喜欢女孩儿湘云，一个喜欢男孩儿宝玉。这是对比的手法，目的是把宝玉和湘云串联起来。雪芹想让大家知道，黛玉也好，宝钗也好，她们都是宝玉生命中的过客，与宝玉最终走在一起的那个人，是史湘云。

第七十一回。贾母八旬大寿，在荣宁两府大排筵席。宁国府接待官客，荣国府接待堂客。贾母等女眷一早在荣国府迎接南安王太妃、北静王妃并几位世交公侯诰命。书中说，献茶毕，南安太妃问起宝玉，贾母笑道："今日几处庙里念'保安延寿经'，他跪经去了。"又问众小姐们，贾母笑道："他们姊妹们病的病，弱的弱，见人腼腆，所以叫他们给我看屋子去了。有的是小戏子，传了一班在那边厅上陪着他姨娘家姊妹们也看戏呢。"南安太妃笑道："既这样，叫人请来。"贾母回头命凤姐儿去把史、薛、林带来，"再只叫你三妹妹陪着来吧。"凤姐答应了，来至贾母这边，只见他姊妹们正吃果子看戏，宝玉也才从庙里跪经回来。凤姐儿说了话。宝钗姊妹与黛玉探春湘云五人来至园中，大家见了，不过请安问好让座等事。众人中也有见过的，还有一两家不曾见过的，都齐声夸赞不绝。其中湘云最熟，南安太妃因笑道："你在这里，听见我来了还不出来，还只等请去。我明儿和你叔叔算账。”

写这么多，只为交代清楚两个问题，第一、说明南安太妃与宝玉不熟。南安太妃开口先问宝玉，这个是必需的礼数，无人不知宝玉是贾母最疼爱的孙子，哪有不先问的道理。说来奇怪，贾母生日这么大的事，宝玉不跟着凑热闹，偏偏跑到几处庙里去跪经，很明显这是被“支”出去了。他不在，南安太妃才好接着问众小姐们，史、薛、林等女孩子才好上场。注意，书中明确说，此时宝玉已经从庙里回来了，正跟这几个姊妹一同看戏。姊妹们被召去见王妃，独剩下他，说明南安太妃跟他不熟，也不亲。第二、突显南安太妃跟湘云关系非同一般。南安太妃见到湘云，笑着说的一番话，字字透着喜欢、疼爱，绝不见一个郡王太妃的“款儿”，完全就是普通人家长辈对孩子的逗趣，说明南安太妃跟湘云不但很熟，还很亲。

这里，雪芹是在用对比的手法来突出人物之间的关系。所谓对比，就是用南安太妃对湘云来比北静王对宝玉。书中从秦可卿出殡那天北静王路祭见宝玉开始，一路写北静王对宝玉特殊赏识的态度。南安与北静，一南一北；一个是王妃，一个是郡王；一个喜欢女孩儿湘云，一个喜欢男孩儿宝玉。在对比过程中，雪芹还拉黛玉、宝钗姐妹进来，无非是让湘云更突出，让对比更鲜明。这样对比下来的目的是告诉读者，黛玉、宝钗都是虚陪的，宝玉与湘云才真正是一对！这个“一对”，不是凡人生活的配偶，是同在人间修炼的道友。这一点，看看雪芹怎么写金麒麟、怎么论阴阳雌雄的章节就更清楚了。另外，在《红楼梦》书中，主角们的生日都有明确的日期，独不提宝玉、湘云的，这也是故意为之，目的也是在提醒读者，宝玉湘云这两位是一对。

第五章
东坡故事的变形

海南 教育 扇子

让一个没参加过科举考试的人去当“学差”，书中只交代去“外省”，但具体是哪个省则讳莫如深；本应是风风光光的走马上任，写得却像极了是被发配；几年没个音讯，好容易该回来了，却没个准日子，东说一个，西说一个，跟闹着玩儿似的——雪芹写贾政外放学差这件事，从头到尾都让人费解。直到中秋，贾政拿出两把扇子赏宝玉，我们才恍然大悟。原来，贾政是去了海南，他在海南办教育，还带回来几把海南的扇子。把这几件事串起来，明眼人就知道，这哪里是在说贾政，分明是在说那位堪称海南教育奠基人的人，苏东坡。

《红楼梦》有一篇写贾政外放学差的文字，怎么看怎么别扭。脂评本和程高本的叙述还有不小的差别。这里先看脂评本。第三十七回。“这年贾政又点了学差，择于八月二十日起身。是日拜过宗祠及贾母，起身诸事，宝玉诸子弟等送至洒泪亭。”贾政，一个工部员外郎，没有教育的背景而且自身不是科甲出身，被朝廷点学差，去一个省主管教育，怎么可能？程高本可能也觉得这么写有点说不过去，特意加了几句话，变成了下面这段文字：“且说贾政自元妃归省之后，居官更加勤慎，以期仰答皇恩。皇上见他人品端方，风声清肃，虽非科第出身，却是书香世代，因特将他点了学差，也无非是选拔真才之意。”贾政一去几年，等再有他的消息，已经到了书中的第七十回。“这日众姊妹皆在房中侍早膳毕，便有贾政书信到了，说六月中准进京等语。”听说老爸要回来，宝玉吓坏了，忙找出课本用功。书中又写到，“可巧近海一带海啸，又糟蹋了几处生民。地方官题本奏闻，奉旨就着贾政顺路查看赈济回来。如此算去，至冬底方回。”宝玉听说松了一口气，把温书的事又抛到脑后了。

这里写贾政“至冬底方回”，而实际上他还是七月左右就回来了。书中说，“话说贾政回京之后，诸事完毕，赐假一月在家歇息。因年景渐老，事重身衰，又近因在外几年，骨肉离异，今得晏然复聚于庭室，自觉喜幸不尽。”贾政在家除了看书、与清客们下棋吃酒外，还有一件大事要操办，那就是八月初三贾母的八旬大庆。

一个工部员外郎且非科甲出身之人被外放学差已经够怪异的了，回来还要沿路查看赈灾就更怪异了。学差去勘灾，难道朝廷只有贾政一个人？出门在外好几年，家眷一个都不带，连去的是哪个省都不提，如此神神秘秘，雪芹到底想说什么？

书中第七十五回。中秋节，贾母与众人在大观园赏月游戏，规定每个人要说一个笑话。到了宝玉这儿，宝玉不敢说笑话，贾政就命他即景作一首诗。“宝玉听了，碰在心坎上，遂立想了四句，向纸上写了，呈与贾政看，道是……贾政看了，点头不语。”贾母见宝玉写上来了，就赶紧叫贾政给点奖励。贾政道：“正是。”因回头命个老嬷嬷出去吩咐书房内的小厮，“把我海南带来的扇子取两把给他。”至此，我们才知道，贾政一去几年，去的那个地方是海南岛。

去海南岛为什么不能明说？秋天都过去一半了，这时候要送宝玉两把扇子，为什么？其实，雪芹在这里用海南、教育、扇子，为我们串起了一条线，这条线跟东坡有关。

论海南的教育，历史上有一个人功不可没，那就是东坡。东坡晚年被贬海南儋州，那里在当时还是一块未开化的荒蛮之地。《儋县志》说：“地极炎热，而海风甚寒，山中多雨多雾，林木荫翳，燥湿之气不能远，蒸而为云，停而为水，莫不有毒。”贬谪在这里，用东坡自己的话说，是“食无肉，病无药，居无室，出无友，冬无碳，夏无寒泉。”连吃的肉都没有，更不要说书籍和文化用品了。因此，海南的学校很少，读书人也不多。科举制度自隋唐开始至宋已经三百多年了，海南没出过一个举人，更不要说进士了。东坡的到来，给这块荒蛮的土地带来了文明的火种，对于有志于学的海南年轻人，无疑是个天大的喜讯。他们奔走相告，争相来到东坡的贬所登门求教。东坡则热情地接待了这些学子，对他们的学业给予了细心的指导。海南历史上第一个举人、第一个进士，都出于东坡的门下。下面讲一个海南首位举人姜唐佐的故事。

姜唐佐是海南人，从小刻苦读书，但苦于没有名师指导，一直默默无闻。他听说东坡到了海南，非常高兴，天天跑上门来求教，后来干脆把家就搬到了东坡住所的附近，和老师做了邻居。东坡对勤奋好学的姜唐佐十分欣赏，夸他“文气雄伟磊落，倏忽变化。有中州士人之风。”在东坡遇赦即将离开海南的时候，依依不舍的姜唐佐前来送行。东坡鼓励他继续学业，还送了一把扇子给他，扇子上有东坡题的两句诗：“沧海何曾断地脉，白袍端合破天荒。”东坡对姜唐佐说，等你金榜题名后我再把这首诗补全。

东坡走了，回到了中原。留在海南的姜唐佐没有辜负东坡的教导，在广东的会试中一举登科，成为海南第一个举人，真的是破了天荒。只可惜东坡没有等到这一天，他在离开海南的一年后就病逝了。姜唐佐怀念师恩，不论走到哪里，怀中都揣着东坡给他题诗的那把扇子。后来，他辗转找到当时已经退居许昌的苏辙，跟苏辙讲了东坡题诗勉励他上进的故事。苏辙端详着兄长的亲笔题诗，百感交集，当下铺纸研墨，替亡兄把赠姜唐佐的未完之诗补足，诗的题目是《补子瞻赠姜唐佐秀才》。诗曰：“生长茅间有异芳，风流稷下古诸姜。适从琼管鱼龙窟，秀出羊城翰墨场。沧海何曾断地脉，白袍端合破天荒。锦衣他日千人看，始信东坡眼目长。”

宝玉因作诗得到奖励，奖品是贾政从海南带回来的扇子，再由扇子引出东坡在海南从事教育的故事，可谓一波三折。雪芹的文笔煞是好看。

大观园中的苏堤

一提到大观园，人们的脑海里就会浮现出一座座亭台楼阁、花园别墅，还有一个很大的湖面。实际上，大观园远不如你想象的那么大。我们看看北京现存的几座王府花园就清楚了。大观园只能小于王府家的规模，而绝没有大过的道理。所谓的“湖”，说白了也就是个池塘。雪芹笔下的这个“湖”是比照杭州的西湖来写的，书中还出现了“堤”的字样，说堤上桃红柳绿，完全是影射东坡治理西湖的那段往事。

第十七回。大观园园子工程俱已告竣，贾珍请贾政去瞧瞧，“或有不妥之处，再行改造，好题匾额对联的”，于是，贾政带着一众清客及宝玉来到了园子里。

他们进园看到的第一个景是“曲径通幽处”，往前走，进入一个石洞，只见佳木茏葱，奇花闪灼，一带清流，从花木深处曲折泻于石隙之下。再进数步，渐向北边，平坦宽豁，两边飞楼插空，雕甍绣槛，皆隐于山坳树杪之间。俯而视之，则清溪泻雪，石磴穿云，白石为栏，环抱池沿，石桥三港，兽面衔吐。桥上有亭。贾政请大家拟个匾额。有说“翼然”的，有说“泻玉”的。宝玉道：“有用‘泻玉’二字，则莫若‘沁芳’二字，岂不新雅？”贾政拈髯点头不语。接着又让宝玉作一副七言对联。宝玉听说，立于亭上，四顾一望，便机上心来，乃念道：绕堤柳借三篙翠，隔岸花分一脉香。贾政听了，点头微笑。

堤上有树，是柳树，“柳”借三篙翠嘛；岸上有花，是什么花，宝玉没说。直到后面第二十三回“西厢记妙词通戏语，牡丹亭艳曲警芳心”才知道。在那一回的书上说，那一日正当三月中浣，早饭后，宝玉携了一套《会真记》，走到沁芳闸桥边桃花底下一块石上坐着，展开《会真记》，从头细玩。正看到“落红成阵”，只见一阵风过，把树头上桃花吹下一大半来，落得满身满书满地皆是。我们由此可知，沁芳桥边种的是桃树，宝玉说“隔岸花分一脉香”的“花”，是桃花。

其实，明眼人都知道，宝玉这里吟的不是实景，是虚拟的。俞平伯先生《红楼心解》说：“大观园在当时事实上确有过一个影，我们可以这样说。作者把这一点点的踪影，扩大了多少倍，用笔墨渲染，幻出一个天上人间的蜃楼乐园来。这是文学上可应有的手腕。”如果真如书中交代，大观园占地三里半，放在北京，就相当于从西直门直抵德胜门，或者是从德胜门直抵安定门，那是不可想象的。周汝昌先生《红楼夺目红》也说：“园内无大‘湖’，只有小池塘。”那么，问题来了，如果园子里只有小池塘没有湖，那个“堤”是从哪儿来的？况且当时是十月中，哪里还有花？《红楼梦》整部书中只此一处提到“堤”，其用意很明显，告诉读者宝玉对联所描写的是一处“桃红柳绿”的地方，这个地方在湖中，是一个“堤”。

在中国，如果你问最著名的“桃红柳绿”堤坝，人们一定会告诉你，那是苏堤——杭州西湖之上的苏公堤。东坡当年主政杭州，动用二十多万人疏浚西湖，用挖出来的葑草和淤泥筑堤，并在堤上遍植垂柳和碧桃。每当寒冬过后，春风吹拂，苏堤便如一位翩翩而来的报春使者，杨柳夹岸，艳桃灼灼。《武林旧事》记载：“苏堤一带，桃柳浓荫，红翠间错。”因此，后人一直用“桃红柳绿”来形容西湖的苏堤，“苏堤春晓”也成为西湖十景之首。

东坡治理西湖是世人景仰的德政，代代传颂。他的名字与西湖紧密相连。他的诗“只有西湖似西子，故应宛转为君容”，(《答马忠玉》) 极赞西湖的美；而他更著名的一首诗是《饮湖上初晴后雨》：“水光潋滟晴方好，山色空蒙雨亦奇。欲把西湖比西子。浓妆淡抹总相宜。”东坡的诗让西湖名扬天下。

在大观园里，宝玉题其他地方匾额，贾政不是摇头就是呵斥，还差一点把他打出门去，唯独在此处不断“点头”“微笑”，表示他明白宝玉借沁芳桥影射苏堤的用意，并对此表示赞赏。

二十把扇子

一个故事不见当事人出场，其前因后果全靠别人转述，这样的叙事方式在《红楼梦》中并不多见。其中一例是贾赦勾结贾雨村巧取豪夺石呆子的二十把古扇。这件事就是借平儿的嘴说出来的。东坡当年也有一个跟二十把扇子有关的故事。在那个故事中，东坡急人所急，助人为乐。表面看似同样数量、同样价值的扇子，被雪芹用来将雨村与东坡作对比，使人明白贪官与清官的区别，从而起到明骂雨村暗誉东坡的作用。

《红楼梦》书中经常会出现意想不到的事。如第四十八回，一向温柔平和、稳重周到的平儿，居然会骂起人来，其用语之狠毒，比贾府任何一个婆子丫鬟都有过之而无不及。这是怎么回事呢?

书中说，平儿找到宝钗，告诉她贾琏被他老子贾赦打了，打得不能动弹。宝钗忙问为什么挨打，平儿咬牙骂道:“都是那贾雨村什么风村，半路途中哪里来的饿不死的野杂种！认了不到十年，生了多少事出来！今年春天，老爷不知在哪个地方看见了几把旧扇子，回家看家里所有收着的这些好扇子都不中用了，立刻叫人各处搜求。谁知就有一个不知死的冤家，浑号儿世人叫他作石呆子，穷得连饭也没的吃，偏他家就有二十把旧扇子，死也不肯拿出大门来。二爷好容易烦了多少情，见了这个人，说之再三，把二爷请到他家里坐着，拿出这扇子略瞧了瞧。据二爷说，原是不能再有的，全是湘妃、棕竹、麋鹿、玉竹的，皆是古人写画真迹，因来告诉了老爷。老爷便叫买他的，要多少银子给他多少。偏那石呆子说：‘我饿死冻死，一千两银子一把我也不卖！’老爷没法子，天天骂二爷没能为。已经许了他五百两，先兑银子后拿扇子。他只是不卖，只说：‘要扇子，先要我的命！’姑娘想想，这有什么法子？谁知雨村那个没天理的听见了，便设了个法子，讹他拖欠了官银，拿他到衙门里去，说所欠官银，变卖家产赔补，把这扇子抄了来，作了官价送了来。那石呆子如今不知是死是活。老爷拿着扇子问着二爷说：‘人家怎么弄了来？’二爷只说了一句：‘为这点子小事，弄得人坑家败业，也不算什么能为。’老爷听了就生了气，说二爷拿话堵老爷，因此这是第一件大的。这几日还有几件小的，我也记不清，所以都凑在一处，就打起来了。”

现在知道了，“饿不死的野杂种”这么狠毒的话，是平儿骂贾雨村的。贾雨村为了二十把扇子害得石呆子“坑家败业”，不由得让人想起了当年东坡用二十把扇子救人之急的故事。这个故事见于宋人笔记《春渚纪闻》。

东坡在杭州府任通判时，有人来告状，说一个做扇子的欠钱不还，于是，东坡就传唤那个做扇子的人。那人说，我家以制扇为业，但今年从开春到现在，阴雨绵绵，天气寒冷，做好的扇子卖不出去，又赶上我父亲过世，家里真的是没有钱，否则我早就还了。东坡见那人实在可怜，沉吟了一下，说：“你去把你家的扇子拿来，我来帮你开张。”一会儿的工夫，那人就把扇子拿来了。东坡挑出二十把白团夹绢的扇子，拿起桌上判案使的毛笔，在扇子上笔走龙蛇，或题字或绘画，行书草书枯木竹石都有，写完交给那个卖扇子的人说：“快去拿到外边卖了把钱还了吧。”那人抱着扇子一边流泪一边往外走，刚出府衙就被一群闻讯急赶而来的风雅文士围住了，一把一千钱，扇子顷刻间售罄。卖扇子的人不但把欠的钱还了，还有余钱安葬了父亲。此事整个杭州都传遍了，许多人为东坡的古道热肠感动落泪。

认真想一下，东坡画的扇子与石呆子保存的古扇有几处是连着的。从数量上说，都是二十把；从内容上说，都是有“写”有“画”；从提到的售价上说，都是一千（东坡时代使的是制钱，不用银子）。雪芹这里明显是拿东坡与贾雨村做个对比，目的是让人们看看，什么叫赃官，什么叫好官！

《红楼梦》书中，雪芹用官场上的贾雨村与东坡对照着写，有很深的用意。书中介绍贾雨村，说他是从湖州走出来的人，而湖州正是东坡因作诗被朝廷抓捕进而被投入大狱的地方。一个在那里崛起，一个在那里遭殃。书中开头曾暗示东坡是可以助人渡过迷津的那个“木居士”，而贾雨村，书中结尾说他躺在“急流津觉迷渡口”，再也叫不醒。这种对比关系，是《红楼梦》梦中之梦，谜中之谜，值得我们花心思去研究。

魇魔法

宝玉和凤姐儿被马道婆施了魔法，在大观园里上演各种狂躁、发疯甚至要杀人的戏码，在民间这叫作被“魇”住了。巧的是，这种人被魔法魇住的故事，在东坡文集里屡见不鲜。面对魔鬼，东坡大义凛然，从不退让，每一次的结果都是人战胜了鬼，正气压倒了邪气。将《红楼梦》故事与东坡故事对照着看，能感受到更多的乐趣。

第二十五回，回目是“魇魔法姊弟逢五鬼”。赵姨娘串通马道婆欲施魔法把凤姐儿宝玉给“绝了”。书中说，马道婆掏出十个纸铰的青面白发的鬼来，并两个纸人，递与赵姨娘，又悄悄地教她道：“把他两个的年庚八字写在这两个纸人身上，一并五个鬼都掖在他们各自的床上就完了。我只在家里作法，自有效验。”这天，被施了魔法的宝玉正与黛玉说话，忽然“嗳呦”了一声，说：“好头痛！我要死！”将身一纵，离地跳有三四尺高，口内乱嚷乱叫，说起胡话来了。林黛玉并丫头们都唬慌了，忙去报知王夫人、贾母等。此时王子腾的夫人也在这里，都一起来时，宝玉益发拿刀弄杖，寻死觅活的，闹得天翻地覆。贾母、王夫人见了，唬的抖衣而颤，且“儿”一声“肉”一声放声痛哭。于是惊动众人，连贾赦、邢夫人、贾珍、贾政、贾琏、贾蓉、薛姨妈、薛蟠并周瑞家的一干家中上上下下里里外外众媳妇丫头等，都来园内看视。登时园内乱麻一般。正没个主见，只见凤姐儿手持一把明晃晃钢刀砍进园来，见鸡杀鸡，见狗杀狗，见人就要杀人。众人慌了，周瑞媳妇忙带着几个有力量的胆壮的婆娘上去抱住，夺下刀来，抬回房去。

东坡也经历过几次这样的事。不是他被魇住了，是他身边的人。

一天晚上，东坡在家逗儿子苏迨玩。苏迨那时还小，忽然他指着一个黑影喊："有贼！"大家急忙顺着他指的方向寻找，却什么也没发现。苏迨说："我看见一个穿着青色衣服、又黑又瘦的贼！"东坡全家在屋里翻箱倒柜地搜。这时，一个女佣忽然发疯了，满脸恐怖状，连喊带叫。东坡走过去，女佣张牙舞爪对他厉声喝道："我就是那个黑瘦穿青衣的！我不是贼，我是鬼！赶紧给我作一堂法事，否则我永远不出来！"东坡知道女佣是被鬼祟魇住了，他不慌不忙，镇定地跟那个鬼谈判，最后鬼只得到了一杯水，悻悻而去。女佣遂恢复了神智。

还有一次，东坡一行从凤翔回京，路过一个山谷，随从的一个兵丁忽然被鬼祟附身，只见这个兵丁扔下挑担，又蹦又跳，一边叫喊一边撕自己的衣服，谁也拦不住。有人对东坡说："这可能是山神发怒了。咱们得祷告一下。"东坡不信邪，他大步走进道旁的山神庙，对山神说："我来不是为祈祷的，是刚好路过，进来打个招呼。我随行的一个小兵，被鬼祟魇住了，有人说是您老人家发怒了。您这么大的威灵，干吗要跟一个小兵过不去呀？我急着赶路，还求您帮忙让鬼祟离开。"说完就往庙外走。刚上马，一阵旋风吹来，接着狂风大作，飞沙走石，声震天地。随从们吓得面无人色，说："山神的怒气更大了！咱还是进去给他磕几个头吧！"东坡说："他怒他的，咱走咱的。我就不信他能把我怎么样！"东坡带着众人继续前行。不一会，风也停了，兵丁也正常了，仿佛什么事都没有发生过。

这两件事均出自李廌的《师友谈记》。李廌是东坡的弟子，名气虽然不如秦观、黄庭坚等师兄弟，在宋朝也能算个知名人物。他是"苏门六君子"之一。说起李廌，北宋科举史上最令人啼笑皆非的一件事，就跟他有关，值得在这里跟大家介绍一下。

李廌是在黄州拜入苏门的，几年后他进京赶考，机缘凑巧，那年的主考官就是他的老恩师、已高居庙堂之上的大学士，苏东坡，而阅卷官黄庭坚也不是外人，他是李廌的同门师兄。当时所有人，包括李廌自己都认为这次科考他必中无疑。如果说还有什么悬念，那也就是名次先后的问题。谁承想，榜发下来大家都傻了，从头到尾不见李廌的名字。李廌落榜了。这是怎么回事呢？

原来，宋代为了考试公平，规定科考时统一用“糊名卷”，即把考生的名字“糊”上，使得阅卷人根本不知道他阅的到底是谁的卷。东坡看到一份考卷，这份考卷用东坡的话说“词华气古，事备意高”，东坡看了连连叫好，还对黄庭坚夸耀说：“这文章，肯定是咱们李廌写的！”当场定为第一名。等到发榜的时候再看，东坡愣住了，那篇文章不是李廌写的，是别人的。更滑稽的是，那个人还是后来一再迫害东坡、一直把他贬到海南儋州的政敌——章惇的儿子。而他心目中的好学生李廌，竟然落榜了。

历史上怀才不遇的人物简直太多了，用过江之鲫形容一点不过分。但是，阅卷官是自己的师兄，主考官是自己的导师，这样的局面还不能“遇”，也真算是绝无仅有的了。面对落寞还乡的李廌，东坡懊丧之极。他接连写了好几首诗给李廌送行，一方面是安慰他，一方面也是表达自己惭愧（“愧甚”）的心情。其中的一首诗是这样写的：“与君相从非一日，笔势翩翩疑可识。平生漫说古战场，过眼终迷日五色。”意思是李廌跟了自己这么久，自信非常熟悉他的文笔，结果却是看走眼了。黄庭坚也很不好意思，连说此事自己“难塞责”。

李廌终身不第，生活极为清苦。东坡总是想方设法来帮助他。在东坡将要出守杭州的时候，朝廷赐给了他一匹马，他转手就把这匹马赠给了李廌。那时，李廌“豆羹常不继”，饭都吃不饱，哪有心思玩马？这一点东坡当然知道。他送马给李廌，是想让他去把马卖了换钱用。为此，东坡还专门写了一张《赠李方叔赐马券》，作为日后李廌卖马时的凭据。黄庭坚得知后，为了使这匹马能卖出高价，又赶过去在这张赠券后面加了一个跋，并告诉李廌说：“有东坡妙墨作券，此马价应十倍！”

再说回“魇魔法”。东坡遇到人被鬼祟魇住了的事其实还有不少，被魇住人的状况与凤姐、宝玉大同小异，有兴趣的可以去查一下宋人的笔记。上面讲的这两个故事是李廌听东坡本人讲的，其可信程度自是其他笔记所不能比的。

狱神庙

狱神庙这个名字和宝玉被关进狱神庙的故事，不见于《红楼梦》正文，是脂砚斋、畸笏叟在他们的批语中提到的，他们说这个故事出现在书的“后之三十回”中，还说一共有“五、六稿”之多，可惜被“借阅者迷失”了，真让人扼腕叹息。东坡当年也被关进过御史台的监狱，罪名是写诗“谤讪朝廷”，史称“乌台诗案”。东坡入狱是无辜的，宝玉入狱更是飞来的横祸。他们二人被诬陷下狱，反映出世道凶险，人心叵测。雪芹这样写，是为他开篇“浮生着甚苦干忙”的感叹再增加一个注脚。

现在通行本的《红楼梦》，一般认为前八十回是曹雪芹写的，后四十回是无名氏补续的，最后经过程伟元、高鹗整理而出版的。雪芹没写完《红楼梦》就病逝了，那些精彩故事戛然而止，留下了一声叹息和一堆悬念。这些悬念中以宝玉的命运最引人关注，比如他到底是娶了宝钗还是娶了黛玉，他到底是死了还是出家了，等等。各种猜想不胜枚举，莫衷一是。综合起来看，人们的猜想无外是沿着这三条线索：一、书中第五回给出的十二金钗命运册子以及仙姑上演的红楼梦曲子；二、脂砚斋（包括畸笏叟）的批注；三、故事前后的关联性。所谓关联性，脂砚斋说得很清楚，他说雪芹写作的特点是“草蛇灰线，伏脉千里”，即雪芹在前文的叙述中会埋下一些伏笔，留下些蛛丝马迹，从而暗示出后面的故事。本文所说“狱神庙”的故事就属于这一类的猜想。

贾家由盛到衰，贾府之人由“饫甘餍肥，钟鸣鼎食”到“寒冬噎酸齑，雪夜围破毡”，这些我们都知道，书中也都有明示；我们不知道的是在这大背景之下的具体过程，或者说具体的事件，其中就包括狱神庙的故事。脂评本的批注中多次言及贾府被抄家之后，宝玉被抓进牢里，有一大篇关于“狱神庙”的文字，有小红、茜雪探望宝玉等情节，可惜“被借阅者迷失”了。由此可见，宝玉是被抄过家、下过狱的，而这些灾难东坡同样经历过。既然我们无法得知宝玉在这些事件中的情形，那就只好单说东坡了。

宋神宗元丰二年，东坡四十四岁，在湖州任太守。由于反对王安石变法，多次上疏批评变法的弊端，因此得罪了朝中的一些权贵。御史李定、舒亶等人借东坡《湖州谢上表》发难，说他“讥切时事”，对朝廷不忠，请求神宗治罪。起初神宗并没有觉得东坡有什么大逆不道的事，李定等人就又搜罗来东坡关于时政的一些诗文，恶意曲解，一定要和“无尊君之义，亏大忠之节”挂钩，最后终于把神宗给激怒了，下旨“将苏轼谤讪朝政一案送交御史台跟勘闻奏”。

七月二十八日，御史台的兵丁抵达湖州，问明身份后，不容分说就把东坡给绑了起来，然后连夜押解进京。这还不算完，御史台又下令抄家，派人到东坡的家中查抄一切可做证据的文字材料。当时东坡的家人正在逃离湖州的船上，兵丁们追上船，守住船头船尾，将所有人和所有的行李集中起来，一阵乱搜。东坡的家人们吓得浑身发抖，直到兵丁们离开后，才从恐惧中缓过劲来。东坡的夫人王闰之怨恨东坡写诗惹祸，一气之下把没被抄走的诗稿也都一把火给烧了。东坡事后谈及此事（见《黄州上文潞公书》)，仍唏嘘不已。

东坡进京被关在御史台的大牢里。御史台又称乌台，因其周遭遍植柏树，上有无数乌鸦盘旋而得名。东坡被关押共一百三十天，其间经受了百般的羞辱迫害，后经朋友们多方营救，特别是神宗的祖母曹太后病中为他说情，促使神宗下决心了结此案，结果是将他贬至黄州任团练副史，不得签书公事。这就是中国著名的文字狱，史称“乌台诗案”。

东坡一生的经历大多被雪芹巧妙地化用在了《红楼梦》书中，像乌台诗案这么重要的事件雪芹也一定不会漏过。尽管脂评本证实他写过贾府被抄家、写过宝玉在狱神庙的故事，但可惜都丢失了，我们永远无法看到了。

铁槛寺

铁槛寺是宝玉家的家庙，贾家有人去世了就先抬到寺里停灵。铁槛寺旁边有一个尼姑庵，名叫馒头庵。铁槛寺与馒头庵的得名源于范成大的一首诗，诗中有“纵有千年铁门槛，终须一个土馒头”的句子。最早把城外坟墓比作土馒头的是唐朝的王梵志，他写诗感慨人都有一死，最后都要埋入坟墓。到了北宋东坡的年代，东坡嫌王梵志的诗写得不好，就把他的诗给改了一下。经东坡改过的诗在社会上广为流传，从而扩大了人生在世终须一个“土馒头”思想的传播，对后世包括雪芹的影响很大。

第十五回，回目是“王熙凤弄权铁槛寺，秦鲸卿得趣馒头庵”。贾府送秦可卿出殡来至铁槛寺。书中说，这铁槛寺原是宁荣二公当日修造，现在还是有香火地亩布施，以备京中老了人口，在此便宜寄放。其中阴阳两宅俱已预备妥帖，好为送灵人口寄居。不想如今后辈人口繁盛，其中贫富不一，或性情参商。有那家业艰难安分的，便住在这里了，有那尚排场有钱势的，只说这里不方便，一定另外或村庄或尼庵寻个下处，为事毕宴退之所。即今秦氏之丧，族中诸人皆权在铁槛寺下榻，独有凤姐嫌不方便，因而早遣人来和馒头庵的姑子净虚说了，腾出两间房子来做下处。原来这馒头庵就是水月庵，因他庙里做的馒头好，就起了这个浑号，离铁槛寺不远。

铁槛寺、馒头庵的得名，在“寿怡红群芳开夜宴，死金丹独艳理亲丧”那一回（第六十三回）中，邢岫烟给宝玉介绍妙玉时讲到。起因是时逢宝玉生日，妙玉差人送来一张贺贴，上面写着“槛外人妙玉恭肃遥叩芳辰”。宝玉不知“槛外人”何意，正好碰到邢岫烟，岫烟就告诉他说：“妙玉常说古人自汉晋五代唐宋以来皆无好诗，只有两句好，说道：‘纵有千年铁门槛，终须一个土馒头。’所以他自称‘槛外之人’。又常赞文是庄子的好，故又或称为‘畸人’。他若帖子上是自称‘畸人’，你就还他个‘世人’。畸人者，他自称是畸零之人，你谦自己乃世中扰扰之人，他便喜了。如今他自称‘槛外之人’，是自谓蹈于铁槛之外了，故你如今只下‘槛内人’，便合了他的心了。”宝玉听了，如醍醐灌顶，嗳哟了一声，方笑道：“怪道我们家庙说是‘铁槛寺’呢，原来有这一说。”

“纵有千年铁门槛，终须一个土馒头”是南宋诗人范成大的诗。意思是凭你帝王将相或者平头百姓，大家终有一死，最终都得抬到城外挖个坑给埋了，上面填上土，像一个一个的土馒头。所以，土馒头指的就是坟墓。而把坟墓比喻为土馒头，则源于唐朝王梵志的一首五言诗：“城外土馒头，馅草在城里。一人吃一个，莫嫌没滋味。”这首诗传到北宋的时候，后面还有两句：“已且为馅草，当使谁食之。(我是馅草，会被什么人吃了？)”东坡看到这首诗，觉得前面的意思还不错，最后两句不好。他说，你已经是“馅草”了，还操心“谁食之”干吗？多余，显得小家子气。他提笔把后两句改成了“预先着酒浇，图教有滋味”。就是说在你活着的时候要善待自己，该吃吃，该喝喝，把自己弄得有滋有味的，也不枉来人世一遭。东坡改王梵志诗这件事，充分体现了他幽默豁达的性格，也反映了他对生命意义的理解。后来，东坡把他改诗的过程记录下来，收入到自己的文集中，从而扩大了人生在世终须一个“土馒头”思想的传播，对后世包括雪芹的影响很大。

鲜荔枝

荔枝是南方的特产，在没有飞机、火车的年代，北方人是吃不上的。杜牧有一首诗，叫《过华清宫》：“长安回望绣成堆，山顶千门次第开。一骑红尘妃子笑，无人知是荔枝来。”看到了吧，在长安的杨贵妃得闹出这么大的动静才能吃上荔枝，那普通的老百姓就想都别想了。实际上，那时候的北方人大多数不知道荔枝为何物。而在《红楼梦》书中，地处比长安更北方的贾家，却拿鲜荔枝当家常水果，自己吃不算，还把剩下的送人。这可能吗？不可能。正因为不可能，这样的描写才会引起读者的思考，读者才会联想到那个大声歌颂过荔枝的诗人，那个说“日啖荔枝三百颗，不辞长作岭南人”的苏东坡。

第三十七回。湘云回自己家去住有些日子了，宝玉想念她，就让袭人给她准备点礼物送去。书中说，袭人回至房中拿碟子，却见槅子上碟槽空着。因回头见晴雯、秋纹、麝月等都在一处做针黹，袭人问道：“这一个缠丝白玛瑙碟子哪去了？”众人见问，都你看我我看你，都想不起来。半日，晴雯笑道：“给三姑娘送荔枝去的，还没送来呢。”袭人道：“家常送东西的家伙也多，巴巴地拿这个去。”晴雯道：“我何尝不也这样说。他说这个碟子配上鲜荔枝才好看。”看到这，有人会发愣：荔枝？还是鲜荔枝！那个时候的北京，有几个人知道荔枝？荔枝产自南方广东、福建一带，别说宝玉，宝玉他姐夫（那个住在皇宫里的人）要吃也得大费一番周折。这里拿荔枝却不当回事，轻描淡写地当作一般水果送人，简直是不可想象。书中的另一处也提到了荔枝。在第二十二回，贾母带着众人猜灯谜。贾母作的灯谜是“猴子身轻站树梢。打一果名。”书中说，“贾政已知是荔枝，便故意乱猜别的，罚了许多东西，然后方猜着，也得了贾母的东西。”如此看来，不单是宝玉，贾府之人个个对荔枝都很熟悉。那么，雪芹通过写荔枝想告诉读者些什么呢？

我们来看看探春收到荔枝后是怎么回复宝玉的。

探春派人给宝玉送来一个花笺，上面写道：“二兄文几：前夕新霁，月色如洗，因惜清景难逢，讵忍就卧，时漏已三转，犹徘徊于桐槛之下，未防风露所欺，致获采薪之患……”下面是探春对宝玉送鲜荔枝慰问表示感谢的话。这就看明白了。说鲜荔枝，说月下徘徊，这两样凑到一起，是在暗示一个人。那个人在广东吃过荔枝，那个人逢好月“讵忍就卧”，那个人还把吃荔枝、月下徘徊写成诗、写成文，无人不知，无人不晓。那个人是谁呢？当然是东坡。

东坡被贬到广东惠州的时候，生活虽然艰苦，但依然乐观开朗。那里夏季盛产荔枝，爱好美食的东坡自然不会放过这样的机会，他在美美地大吃了一番荔枝之后，还题诗一首以为纪念。诗曰：“罗浮山下四时春，卢橘杨梅次第新。日啖荔枝三百颗，不辞长作岭南人。”(《食荔枝》)

说完荔枝，再说那个月下徘徊的意象。元丰六年，东坡被贬黄州已经三年多了。一个晚上，他正准备上床睡觉，明亮的月光照进来，他不忍就卧，于是披衣出门，在院中徘徊——这情景跟探春在花笺上写的是一模一样。而这晚的经过，东坡用一篇很美的小文记述了下来：“元丰六年十月十二日夜，解衣欲睡，月色入户，欣然起行。念无与为乐者，遂至承天寺寻张怀民。怀民亦未寝，相与步于中庭。庭下如积水空明，水中藻荇交横，盖竹柏影也。何夜无月？何处无竹柏？但少闲人如吾两人耳。”(《记承天寺夜游》)

写荔枝，写月色，写赏月的人……雪芹变换笔调、无论如何也要把东坡的形象在他的书中表现出来，但他又不肯明说，这就是所谓的“甄士隐”吧。

河东狮

河东狮吼是个典故，用来比喻家里有个凶悍善妒的老婆。雪芹用“河东狮”形容薛蟠新娶的媳妇夏金桂，足见他对这个女人的厌恶。这个成语典故出自东坡的一篇文章，讲的是他好朋友陈季常的故事。陈季常怕老婆，听到老婆吼，拐杖都能吓掉在地上。为此，后人把怕老婆也戏谑为“季常癖”。

第三十九回，回目是“薛文龙悔娶河东狮”。薛文龙即薛蟠，文龙是他的字。书中说，薛蟠出门贸易时，顺路到了个亲戚家去。这家亲戚姓夏，非常的富有，家中有一位小姐，生得颇有姿色，薛蟠看中了，硬是要娶。这夏家小姐名叫夏金桂，年方十七岁，若论心中的丘壑经纬，颇步熙凤之后尘。只吃亏了一件，从小时父亲去世得早，又无同胞弟兄，寡母独守此女，娇养溺爱，不啻珍宝，凡女儿一举一动，彼母皆百依百顺，因此未免娇养太过，竟酿成个盗跖的性气。爱自己尊若菩萨，窥他人秽如粪土，外具花柳之姿，内秉风雷之性。在家中时常就和丫鬟们使性弄气，轻骂重打的。自打嫁给了薛蟠，气焰越发高涨，几番吵闹之后，竟把个薛蟠制得服服帖帖。在后回书里，还有夏金桂使毒计陷害香菱等情节，雪芹用“河东狮”来形容夏金桂，一点都不过分。

什么叫“河东狮”？其实，“河东狮”是一个典故，这个典故出自东坡。东坡有一首题为《寄吴德仁兼简陈季常》的诗，讲到陈季常的老婆时，有“忽闻河东狮子吼”的句子，以此来形容那个女人的坏脾气。下面先介绍一下诗中的主人公陈季常。

陈季常姓陈名慥，季常是他的字，号方山子，别号龙丘居士。陈慥跟东坡一样，也是四川眉山人。世人都知道陈慥是东坡的朋友，但是，用“朋友”这个词来形容他们之间的关系，显得软趴趴的，力道不够，说“哥们”这两个字更贴切。

我们今天还能知道陈慥或者说陈季常这个名字，主要是因为东坡为他写过一个传，即大名鼎鼎的《方山子传》。此篇文字在东坡所有的文章中属上乘，直到今天仍然是写散文的样板，各地的大学课本都会选，称得上是一篇经典之作。

陈慥是官宦子弟，其父陈公弼曾任凤翔府的太守，曾是东坡的顶头上司（那时东坡在凤翔府任签判）。陈慥年轻时“使酒好剑，用钱如粪土”，是远近闻名的侠义公子哥。后来不知什么机缘，开始参禅念佛，舍弃了万贯家财，轻车简从来到湖北的歧亭隐居。东坡因“乌台诗案”被下狱，后又被贬谪到黄州。那时正是寒冬的季节，东坡一路风餐露宿，疲惫不堪。在东坡快要到达歧亭的时候，陈慥得到了消息，他立刻出城跑了二十五里路去迎接东坡，还留他在家里调养了多日，使身心遭受重创的东坡得到了一个喘息的机会。此后几年，两人十数次往来歧亭、黄州之间互相看望，相处的时间加起来能有上百天。东坡有诗《歧亭五首并叙》，记录下了那些充满温情的日子。

虽然隐居多年，但陈慥年轻时的名声太大了，他每次来黄州都能引起轰动，百姓沿街观瞧，豪门大户则争着递名片、邀请他登门做客，以此炫耀乡里。陈慥哪里都不去，就只住在东坡家那间低矮潮湿的小屋里，老哥儿俩“谈笑竟日，抵足而眠”。

作为公认的一代豪杰，陈慥虽然岁数大了，但“精悍之色，犹见于眉间。”谁能料到，在家里，他却是个地地道道的“妻管严”。

陈慥的妻子姓柳，人称柳氏，脾气暴躁嫉妒心强。有时候陈慥正在客厅和客人聊天，不知什么原因，柳氏就摔锅打碗地闹将起来，骂东骂西；如果客人带了歌妓来，柳氏闹得就更凶了，常常把客人弄得很尴尬，陈慥更是吓得浑身颤抖，有一次竟然连手里的拐杖都吓掉在了地上。这种事东坡都亲身见证过。为此，他专门写了一首诗，就是上面提到的那首《寄吴德仁兼简陈季常》。诗曰："龙丘居士亦可怜，谈空说有夜不眠。忽闻河东狮子吼，拄杖落地心茫然。"

古人有"河东人氏多姓柳"的说法。苏东坡诗中借"河东"代指陈慥的妻子柳氏。从此，"河东狮"就成了凶悍老婆的代名词，"季常癖"也成了怕老婆的典故。陈季常夫妻俩因为东坡的一篇传记和一首诗，双双闻名天下。

雪芹这里借用东坡"河东狮"的典故，让我们看到了一个比陈慥老婆更凶、嫉妒心更强、也更坏的女人。这个女人就是薛蟠的老婆，夏金桂。

采得百花成蜜后

王熙凤去庙里抽签，抽中了一个“上上大吉”签，签上写着“王熙凤衣锦还乡”，还有几句诗，其中一句是：“蜂采百花成蜜后，为谁辛苦为谁甜。”这句诗虽然最早出自唐朝的罗隐，但跟这句诗有关的一件趣事，却发生在东坡身上。佛印是北宋著名的大和尚，也是东坡的好朋友，他知道东坡爱吃猪肉，每次东坡来他都用猪肉款待东坡。一次他刚烧好的猪肉被小和尚们偷吃了，东坡闻听哈哈大笑，随口赋诗一首，遂使这件事成为千古笑谈。诗曰：“远公沽酒饮陶潜，佛印烧猪待子瞻。采得百花成蜜后，不知辛苦为谁甜。”

第一百零一回，题目是“大观园月夜感幽魂，散花寺神签惊异兆”。书中说，王熙凤近来身体不好，早几天还撞见了鬼，可谓诸事不顺，于是她去散花寺求个签。王熙凤在佛像前磕了头，举起签筒默默地将那见鬼之事并身体不安等故祝告了一回，结果抽了一个“上上大吉”签，签上写着“王熙凤衣锦还乡”，还有几句诗，其中一句是：“蜂采百花成蜜后，为谁辛苦为谁甜。”这句诗出自唐人罗隐的《蜂》：“不论平地与山尖，无限风光尽被占。采得百花成蜜后，为谁辛苦为谁甜。”东坡有一个跟和尚交往的趣事，就借用了这一句。

镇江的金山寺有一个叫佛印的住持，他本名了元，表字觉老，佛印是神宗皇帝赐他的号。佛印与东坡是好朋友，两人交往密切，有很多有趣的故事，我们这里先讲一个东坡过江的故事。

有段时间东坡和佛印住得很近，一个在江南，一个在江北，他们常常见面。有一天，东坡乘船过江去看望佛印，恰巧佛印不在庙里，他就一个人在庙里随便溜达。来到了大雄宝殿，东坡看到一个个十分庄严的佛像，心有感触，随即写了一首偈语诗：“稽首天中天，毫光照大千。八风吹不动，端坐紫金莲。”——“八风”是佛教用语，指利、衰、毁、誉、讥、称、苦、乐。八风吹不动的意思是说，我的这颗心已经修炼得很好了，已经可以不受外界的干扰了，任何情况下都可以保持心平气和的状态。东坡写完后，觉得很得意，就把这首诗交给了看门的小和尚，对他说：“等你师傅回来了请他过目。”然后就回去了。佛印回来看到这首诗，提笔在上面批了两个字：“放屁”，让小和尚给东坡送回去。东坡看到佛印批的字非常生气，心想这么好的偈子你不点赞也就罢了，说我“放屁”，真是岂有此理！他当即坐船过江去找佛印，非要和他理论一番不可。佛印料到他会来，故早早地就在渡口等候。一见到气哼哼跳下船的东坡，佛印哈哈大笑，说：“你不是‘八风吹不动’吗？怎么我这一个‘屁’就把你打过江了呢？”东坡忽然明白了过来，不禁哑然失笑，低头承认自己参禅的功夫还不到家。

下面讲的这个故事就跟王熙凤签上的题诗有关了，是关于“蜂采百花成蜜后”的故事。

佛印与济公一样，都是酒肉不忌的大和尚。佛印知道东坡爱吃猪肉，故每次东坡来，佛印都会烧一大锅香喷喷的猪肉款待他。一天，得知东坡要来，佛印早早烧好了一锅肉，喜滋滋地等着他。不料，佛印烧的猪肉味道实在太香了，几个馋嘴的小徒弟忍不住，趁他不在时偷偷地分着吃了。佛印回来见猪肉没有了，只剩下一口空锅，十分懊丧，连连向东坡抱歉。东坡并不在意，反倒觉得有趣，哈哈一笑。笑过之后东坡还写了一首诗打趣佛印：“远公沽酒饮陶潜，佛印烧猪待子瞻。采得百花成蜜后，不知辛苦为谁甜。”远公，指东晋著名僧人慧远；陶潜即陶渊明。慧远法师在庐山结“莲社”，邀请名士加入。他知道陶渊明嗜酒如命，破例为他准备下美酒，许他一个人饮。东坡这里虽然是在调侃佛印，但他在调侃中也夹带着对老朋友的一丝赞美，他认为佛印与慧远一样，都是超脱了一般礼法的大和尚。

东坡给佛印的这首诗题为《戏答佛印》，收在东坡文集中。这首诗中“采得百花成蜜后，不知辛苦为谁甜”的句子，由于内含着东坡与佛印交往的趣事，因此其流传范围很广，远远超过了罗隐那首名为《蜂》的原诗。

禅心已作沾泥絮

宝玉、黛玉聊天，两人都语带禅机。黛玉问："水止珠沉，奈何？"宝玉答："禅心已作沾泥絮，莫向春风舞鹧鸪。"宝玉"禅心已作沾泥絮"这句诗，源自北宋一个叫参寥的大和尚，这位参寥大和尚是东坡的朋友，他写这句诗跟东坡有直接的关系。当年东坡为试探参寥的定力，带着歌妓去拜访他，还让歌妓向他乞诗。参寥看出东坡的用意，他铺开纸砚，略加思索，一首绝佳的七言绝句瞬间完成，轻松地化解了尴尬的局面。东坡特别赞赏"禅心已作沾泥絮"这一句，为此还专门写了一篇诗话，使这首诗广为流传。

第九十一回，回目是"纵淫心宝蟾工设计，布疑阵宝玉妄谈禅"。这一回有一段写宝玉与黛玉聊天，两个人语带禅机。书中说，黛玉对宝玉道："我便问你一句话，你如何回答？"宝玉盘着腿，合着手，闭着眼，嘘着嘴道："讲来。"黛玉道："宝姐姐和你好，你怎么样？宝姐姐不和你好，你怎么样？宝姐姐前儿和你好，如今不和你好，你怎么样？今儿和你好，后来不和你好，你怎么样？你和她好，她偏不和你好，你怎么样？你不和她好，她偏要和你好，你怎么样？"宝玉呆了半晌，忽然大笑道："任凭弱水三千，我只取一瓢饮。"黛玉道："瓢之漂水，奈何？"宝玉道："非瓢漂水，水自流，瓢自漂耳！"黛玉道："水止珠沉，奈何？"宝玉道："禅心已作沾泥絮，莫向春风舞鹧鸪。"黛玉道："禅门第一戒是不打诳语的。"宝玉道："有如三宝。"黛玉低头不语。

宝玉所说的“禅心已作沾泥絮”，是一句古诗，出自北宋的一个叫参寥的僧人。禅心，指清净寂定的心境，这里的意思是说原本清净自在的一颗心沾上泥土就飞不起来了。这里面还有个小故事，而这个故事跟东坡有关。当年东坡在徐州当太守的时候，秦观因崇拜他，曾写诗称“我独不愿万户侯，唯愿一识苏徐州”，大老远从家乡赶到徐州，拜在东坡的门下。不久，秦观又介绍自己的一个僧人朋友来徐州拜谒东坡，这个僧人就是参寥。在当时的徐州，僧人不新鲜，诗人不新鲜，二者合一的“诗僧”还真不多见。参寥是一个以诗闻名的僧人，因此，很多徐州人都想一睹参寥的风采。一天，东坡宴请宾客，特意邀请参寥参加。参寥作为一个持戒甚严的和尚，一向远离酒席，这次也未赴约。东坡席间一直念叨他，饭后竟带着一众宾客们——其中还包括几个浓妆艳抹的歌妓，到参寥的住所来找他，说什么也要请他赋诗一首，并让歌妓们当场演唱。

东坡认为，一个和尚道行的高下，通过他对女人的态度就可以看出个大概。怎么应付局面、怎样化解尴尬，不是“躲”这么简单的事，这里面分寸的拿捏十分讲究。因此，待进了屋，东坡自己不说话，他请一个歌妓向参寥求诗，借此观察一下参寥的反应。

参寥当然不能驳东坡的面子，如何应付这场面他其实已经胸有成竹。他冲撒娇缠着他的小歌妓微微一笑，一面客气地请大家落座，一面从容不迫地铺纸研墨，略加思索，一首七言绝句诗就出现在了他的笔下。诗曰：“寄语巫山窈窕娘，好将幽梦恼襄王。禅心已作沾泥絮，不逐春风上下狂。”

不待参寥收笔，东坡已经在心中暗叫“好诗！”特别是那个“飞絮沾泥”的意象，他也早就留意过，觉得很有寓意，还一直琢磨着怎么样写入诗里。现在被参寥先用了去，让东坡大为感叹。这俩人可算是心有灵犀啊！

此事经东坡记录并传播，很快成为北宋文人士大夫酒局中谈论的热门话题，“禅心已作沾泥絮”这句诗也迅速地流传开来。

强将手下无弱兵

“强将手下无弱兵”是雪芹著书的合作者脂砚斋夸平儿的话。这句话出自东坡。东坡被贬到黄州后，安国寺是他常去的一个地方。渐渐地，他和安国寺的住持继连成为好朋友。东坡佛法不断精进与继连有很大的关系。在东坡将要离开黄州的时候，两人依依不舍。东坡曾应继连之邀写过一篇《黄州安国寺记》，分别之日他又在继连方丈的墙上写下了“强将下无弱兵”几个大字，足见他对继连的情谊。

第七回。凤姐儿带宝玉过宁国府，受到贾珍之妻尤氏与贾蓉之妻秦氏等人热情的接待。赶巧秦氏的弟弟秦钟也在府内，凤姐儿见了很喜欢，拉着他的手问长问短。书中说，早有凤姐的丫鬟媳妇们见凤姐初会秦钟，并未备得表礼来，遂忙过那边去告诉平儿。平儿知道凤姐与秦氏厚密，虽是小后生家，亦不可太俭，遂自作主意，拿了一匹尺头、两个“状元及第”的小金锞子，交付与来人送过去。凤姐犹笑说太俭薄等语。秦氏等谢毕。一时吃过饭，尤氏、凤姐、秦氏抹骨牌。不在话下。脂砚斋在这段话下面有一句批语：“一人不落，又带出强将手下无弱兵。”

平儿会揣摩主人的心思，做事恰到好处，因此受到脂砚斋的夸奖，夸她不愧是凤姐一手带出来的。“强将手下无弱兵”这句话出自东坡，跟东坡在黄州的一段经历有关。元丰二年，因“乌台诗案”东坡被贬黄州，开始了五年之久的贬谪生活。起初他住在一个名叫定惠院的小庙里，有空时会到一个大一点的寺院沐浴、修禅。那个大一点的寺院叫安国寺。安国寺在黄州的城南，位于长江之滨，有茂林修竹，陂池亭榭，是个十分清幽的所在。刚刚经历了牢狱之灾的东坡惊魂未定，安国寺就成了他疗养身心的避风港。住持继连大和尚亲切地款待他，并专为他准备了一间净室，让他可以安静地在那里打坐修禅。

继连大和尚佛法高深，为人淡泊、沉静，曾得到过皇帝钦赐的袈裟。后来皇帝又要赐他法号。这是一个崇高的荣誉，黄州的僧人及百姓们闻讯一片欢腾。但是继连却上表谢绝了。他觉得荣誉过多不见得是好事，说："知足不辱，知止不殆。"

东坡每隔一两天就要到安国寺焚香沐浴、打坐参禅，并随继连大和尚一道研习佛法。在继连的开示下，东坡开始"深自省察"。他说自己"道不足以御气，性不足以胜习。不锄其本，而耘其末。今虽改之，后必复作。何不归诚佛僧，求一洗之。"清晰地表达了他欲用佛法安顿自己心灵的强烈愿望。

黄州是东坡人生的转折点，在这里，他的儒、释、道思想得以融会贯通，最终成了世人所熟悉的那个"苏东坡"。他的弟弟苏辙在《东坡先生墓志铭》中清楚地记述了东坡思想的升华过程。苏辙说："既而谪居于黄，杜门深居，驰骋翰墨，其文一变。如川之方至，而辙瞠然不能及矣。后读释氏书，深悟实相，参之孔、老，博辩无碍，浩然不见其涯也。"

东坡结束贬谪生活将要离开黄州了，将要离开整天浸泡其中、"旦往而暮还"的安国寺了，继连大和尚依依不舍，他请东坡给寺里题个字，留个念想。东坡在黄州住了将近五年，对安国寺有很深的感情，写过《黄州安国寺记》等文章。现在继连求题字，他欣然应允。东坡希望继连的事业后继有人、兴旺发达，一代更比一代强，于是，提笔在继连方丈的墙上写下了六个字：强将下无弱兵。

"强将下无弱兵"大概是北宋时街面上的一句俗语，经东坡之手载入文字，流传了近千年。东坡文集中有名为《题连公壁》的一篇散文，全文是："俗语云'强将下无弱兵'，真可信。吾观安国连公之子孙，无一不好事者，此寺当日盛矣。"

第六章
细节中的东坡

雪浪纸

碧纱橱

𤫩瓟斝

绛纹石

毘陵驿

黄叶村

藕香榭

贾母生日

贾母的丫鬟

大观园十三人

元妃薨日

杨妃飞燕

薛小妹怀古诗

宋学士

赞红梅

三位王夫人

雪浪纸

宝玉家里有一种纸，名叫“雪浪纸”。《红楼梦》问世二百多年，无人知道这是一种什么样的纸。按宝玉的解释，它“又大又托墨”；宝钗说用它“写字画写意画儿，或是会山水的画南宗山水，托墨，禁得皴搜”。有人说这是生宣纸，有人说这是熟宣纸。且不管它是什么生宣熟宣，为什么叫“雪浪”，这才是关键。原来，东坡家有一块叫“雪浪”的石头，还有一间叫“雪浪”的书斋。雪浪纸与东坡家里的纸有联系，是否可以理解为它是东坡在雪浪斋画雪浪石时用的纸呢？

第三十八回。大观园开诗社，众人大吃了一顿螃蟹宴后，开始做菊花诗。题目是湘云和宝钗先就拟好的，一共十二个，挂在墙上让大家挑。宝钗喝了一口热热的烧酒，便蘸笔至墙上把最上面的《忆菊》勾了，底下又缀了一个“蘅”字（“蘅芜君”是她在诗社用的号，以下诸人也是用各自的号签名）。黛玉也不说话，接过笔来把第八个《问菊》勾了，接着把第十一个《菊梦》也勾了，也缀一个“潇”（潇湘妃子）字。宝玉也拿起笔来，将第二个《访菊》也勾了，也缀上一个“绛”（绛洞花主）字。史湘云走过来，将第四第五《对菊》《供菊》一连两个都勾了，也缀上一个“湘”字。探春说：“你也该起个号。”湘云笑道：“我们家里如今虽有几处轩馆，我又不住着，借了来也没趣。”宝钗笑道：“方才老太太说，你们家也有这个水亭叫‘枕霞阁’，难道不是你的。如今虽没了，你到底是旧主人。”众人都道有理，宝玉不待湘云动手，便代将“湘”字抹了，改了一个“霞”字。又有顿饭工夫，十二题已全，各自誊出来，都交与迎春，另拿了一张雪浪笺过来，一并誊录出来，某人作的底下赘明某人的号。

这里出现了一个新名词：雪浪笺。再看第四十二回。

贾母要迎春画大观园，宝钗建议由宝玉从旁协助，遇迎春有疑问时，他可以“拿出去问问那会画的相公，就容易了”。宝玉听了，先喜地说：“这话极是。詹子亮的工细楼台就极好，程日兴的美人是绝技。如今就问他们去。”宝钗道：“我说你是无事忙，说了一声你就问去。等着商议定了再去。如今且拿什么画？”宝玉道：“家里有雪浪纸，又大又托墨。”宝钗冷笑道：“我说你不中用！那雪浪纸写字画写意画儿，或是会山水的画南宗山水，托墨，禁得皴搜。拿了画这个，又不托色，又难滃，画也不好，纸也可惜……”

这里又出现了一个“雪浪纸”。雪浪纸是什么纸，没有人知道，只能猜。周汝昌先生猜是“上品生宣”，有可能；但是，为什么叫“雪浪”呢？

看《红楼梦》有一个窍门，凡遇见不可解释的地方就往东坡那儿想一想，有可能那就是东坡说过的话，也有可能那就是东坡做过的事。雪芹不明说，故意把问题摆在那里，看懂了就明白他深一层的意思，看不懂也无所谓，不影响欣赏故事。这个笺、这个纸为什么叫“雪浪”，我们也得从东坡那里去找出处。

东坡在河北定州当太守的时候，一日在他的后花园中发现了一块黑色的、上面有白色石纹的大石头。这块大石头就像蜀地画家画的《石间奔流图》，只见那泉水在石间恣意奔流，极尽水势的万千变化，用东坡的话说，就是“水有跳波溅沫之状”，他把这块大石命名为“雪浪石”。后来，东坡又找到了一块白色的曲阳石，他把它盛在一个一丈八尺的大盆中，旁边种上荷花，还引来玉井的水从上面冲浇大石，如雪浪飞。东坡看着这景色，心情格外舒畅，于是，又将盛放大石的房间命名为“雪浪斋”。这两件事东坡都有详细的记述，有《雪浪石》诗，还有《雪浪斋》铭。

东坡是书法家，宋四家苏、黄、米、蔡，大家都知道，他的《黄州寒食帖》被誉为“天下第三行书”。东坡还是画家，他画的枯木竹石在中国文人画的历史上有很高的地位。《红楼梦》写雪浪笺、雪浪纸，雪芹借宝钗之口讲了一番这种纸的用途，比如“写字”“画写意画”“南宗山水”等，句句都在暗指东坡，您看出来了吗？

碧纱橱

黛玉进荣国府，贾母安排她住在自己屋内一处叫“碧纱橱”的地方。这碧纱橱原是宝玉的卧床，让给黛玉后，宝玉就移到了碧纱橱外的床上。这里反复出现的一个词，就是“碧纱橱”。有人很好奇：这大冬天的，怎么住在纱橱里呀？您放心，贾母不会让宝玉黛玉冻着的。那“碧纱橱”一定是个冬暖夏凉的地方。之所以反复提到“碧纱橱”，是因为这三个字的来历有讲究，它是从东坡的诗里选出来的，东坡曾经就睡在“碧纱橱”里。

第三回，荣国府收养林黛玉。书中说，当下，奶娘来请问黛玉之房舍。贾母说：“今将宝玉挪出来，同我在套间暖阁儿里，把你林姑娘暂安置碧纱橱里。等过了残冬，春天再与他们收拾房屋，另作一番安置吧。”宝玉道：“好祖宗，我就在碧纱橱外的床上很妥当，何必又出来闹的老祖宗不得安静。”贾母想了一想说：“也罢了。”每人一个奶娘并一个丫头照管，余者在外间上夜听唤。一面早有熙凤命人送了一顶藕荷色花帐，并几件锦被缎褥之类。

碧纱橱，一个住人的地方。这样的叫法儿，除了《红楼梦》，在别处还真是很难见到。如果照字面理解，“纱橱”，即用纱围成的一个厨，这样的地方在夏天当床或许还不错，可眼下偏偏是残冬。北方的冬天是很冷的，让宝玉、黛玉住“纱橱”，雪芹一定有他的想法，只不过不愿明说罢了。

还是那句话，《红楼梦》有看不明白的地方，就往东坡那儿想一想。东坡有一首词《南乡子·和杨元素》：

凉簟碧纱橱，一枕清风昼睡余。睡听晚衙无个事，徐徐，读尽床头几卷书。搔首赋归欤，自觉功名懒更疏。若问使君才与气，何如，占得人间一味愚。

你看，问题解决了。原来，碧纱橱，这个名字是雪芹从东坡词里撷取的，是东坡住过的地方。

𤫩瓟斝

妙玉在栊翠庵招待宝玉等人喝茶。妙玉拿出两件古董茶具，一件叫“点犀䀉”，一件叫“𤫩瓟斝”。这“𤫩瓟斝”茶杯后有一行小真字是“晋王恺珍玩”，又有“宋元丰五年四月眉山苏轼见于秘府”一行小字。了解历史的人都知道，元丰五年四月，东坡正在湖北的黄州“接受劳动改造”，不可能在秘府，因此也不可能见到这个茶杯。雪芹这么写是故意的，是故意“使人起遐思”，是要引出庄子、东坡、宝玉这样一个思想链条，从而强化“人生如梦”这个主题。

第四十一回。贾母带着刘姥姥等人逛大观园，一时来到了栊翠庵。妙玉请众人吃茶。她给贾母的是一个成窑五彩小盖钟，其他人都是官窑脱胎填白盖碗。安顿好贾母、刘姥姥之后，妙玉悄悄把宝钗等人引到另一处私密的地方。书中说：

那妙玉便把宝钗和黛玉的衣襟一拉，二人随他出去，宝玉悄悄地随后跟了来。只见妙玉让她二人在耳房内，宝钗坐在榻上，黛玉便坐在妙玉的蒲团上。妙玉自向风炉上扇滚了水，另泡一壶茶。宝玉便走了进来，笑道：“偏你们吃体己茶呢。”二人都笑道：“你又赶了来飺茶吃。这里并没你的。”妙玉刚要去取杯，只见道婆收了上面的茶盏来。妙玉忙命：“将那成窑的茶杯别收了，搁在外头去吧。”宝玉会意，知为刘姥姥吃了，他嫌脏不要了。又见妙玉另拿出两只杯来。一个旁边有一耳，杯上镌着“𤫩瓟斝”三个隶字，后有一行小真字是“晋王恺珍玩”，又有“宋元丰五年四月眉山苏轼见于秘府”一行小字。妙玉便斟了一斝，递与宝钗。那一只形似钵而小，也有三个垂珠篆字，镌着“点犀䀉”。妙玉斟了一盉与黛玉。仍将前番自己常日吃茶的那只绿玉斗来斟与宝玉。宝玉笑道：“常言‘世法平等’，他两个就用那样古玩奇珍，我就是个俗器了。”妙玉道：“这是俗器？不是我说狂话，只怕你家里未必找得出这么一个俗器来呢。”

妙玉有洁癖，刘姥姥碰过的茶碗，那么珍贵，她也不要了，却将自己平日用的绿玉斗拿来给宝玉，有深意存焉。上面还提到了妙玉两个喝茶的珍器。一个是𤫩瓟斝，一个是点犀䀉。这里不说点犀䀉，单说𤫩瓟斝。𤫩，小葫芦；瓟，也是葫芦；斝，古代的酒器。所谓𤫩瓟斝，是用一斝形的模子套在小𤫩瓟上，使它按模子的形状成长。成型后去子风干做饮器。清代沈初《西清笔记》记载：“葫芦器，康熙间始为之。数千百中仅成一二，完好者最难得。”妙玉那只𤫩瓟斝最引人注目的是上面的一行小字：宋元丰五年四月眉山苏轼见于秘府。元丰，是宋神宗的年号，宋神宗跟东坡有很深的关系。提拔东坡当太守的是他，“乌台诗案”把东坡抓进监狱的也是他，力排众议将东坡释放的还是他。秘府，是宋宫内的皇家图书馆，东坡任翰林学士时曾执掌过秘府。这行小字乍看起来没什么问题，但仔细推敲，问题就来了。元丰五年四月，那时候的东坡既不是地方官，也不是翰林学士，不在京城，更不在秘府，他在哪呢？他正在据京城一千公里外的湖北黄州——他的贬谪之所，脸朝黄土背朝天开荒种地呢！用东坡自己的话说：“扁舟草履，放浪山水间，与樵渔杂处，往往为醉人所推骂”(《答李端叔书》)。

从元丰二年十二月到元丰七年四月，差不多五年的时间，东坡因“乌台诗案”被贬黄州，作陂种稻，身耕妻蚕。著名的《寒食帖》就是元丰五年在黄州写的。那时候的他，怎么可能优哉游哉地在秘府把玩晋大富豪王恺“珍玩”过的古董呢？

说到葫芦饮器，我们还能联想到另一个场景，就是东坡的《前赤壁赋》。文中说：“客曰：‘况吾与子渔樵于江渚之上，侣鱼虾而友麋鹿。驾一叶之扁舟，举瓟樽以相属。寄蜉蝣于天地，渺沧海之一粟。’”注意看，东坡手里举着的是什么？是瓟樽，瓟樽就是葫芦器。

雪芹栊翠庵饮茶一篇文章，主要就为突出𤫩瓟斝，并借由𤫩瓟斝带出东坡。其实不止东坡，这里面还有庄子的故事。妙玉常赞文是庄子的好，故又自称为“畸人”。东坡有时候也称自己为“畸人”：“东坡信畸人，涉世真散材。”(《和陶山海经》)“畸人”这个词就是从《庄子》来的。至于葫芦器，最早也见于《庄子》。我们看《庄子·逍遥游》：“今子有五石之瓠，何不虑以为大樽，而浮游于江湖（现在你有容纳五石的这么一个大葫芦，为什么不计划着把它做成一个大酒樽，坐着它漂浮在江湖之上呢）？”葫芦，酒樽，漂浮在江湖之上，雪芹用这几个意象，把妙玉、宝玉和东坡、庄子联系在一起，传递出《红楼梦》的主题，即人生虚幻的思想。

绛纹石

湘云送给大观园中的好姐妹们每人一个绛纹石戒指。这个礼物不仅姐妹们喜欢，宝玉也喜欢。为什么硬要强调是绛纹石？原来，这种石头曾经受到东坡的赞誉，在东坡的文集中，有把绛纹石列为天下第一石的记录。

第三十一回。史湘云第二次来贾府，拜过了贾母、王夫人之后，跟姐妹们一处聊天。书中说，林黛玉道："你哥哥得了好东西，等着你呢。"湘云道："什么好的？"宝玉笑道："你信她呢！几日不见，越发高了。湘云笑道："袭人姐姐好？"宝玉道："多谢你记挂。"湘云道："我给他带了好东西来了。"说着，拿出手帕子来，挽着一个疙瘩。宝玉道："什么好的？你倒不如把前儿送来的那种绛纹石的戒指儿带两个给她。"湘云笑道："这是什么？"说着便打开。众人看时，果然就是上次送来的那绛纹戒指，一包四个。

这段文字告诉我们，湘云给袭人等带了礼物来，礼物和之前送给黛玉、宝钗等人的一样，是一种叫"绛纹石"的戒指。那么，问题来了，什么叫绛纹石呢？有谁听说过这个名字吗？其实，不怪大家不知道，这个名字本来就不存在，是雪芹自己编的。绛纹石真正的名字叫"红丝石"，绛是红，纹是丝。这种石头产自山东（古称青州），赤黄色，因石上有红纹如丝而得名。雪芹写这种石头，并让它作为湘云送人的礼物，是有原因的。其原因在于，东坡曾称赞过它，并把它誉为最好的石头。

《东坡志林》记载，唐朝的彦猷写过一本关于砚石的书，书中把青州的红丝石列为第一等。有人不同意，说它很一般，没觉得有什么特别之处。有一次，东坡在云庵亲眼见到了彦猷书中提到的红丝石，他一见就非常喜欢，认为前人把它列为第一等是实至名归。赞叹之后，东坡还把他的评论记录下来，题目叫《书云庵红丝砚》，目的是让世人都知道这种石头的好。

在《红楼梦》书中，湘云的行为举止完全照应东坡的审美，而宝玉与湘云则是雪芹心中真正的男女主角。东坡是在“云庵”见到这种石头的，“云”与湘云的“云”是同一个字；绛纹石的“绛”与宝玉绛芸轩、绛洞花王的“绛”也是同一个字。这种自然产生的联想是雪芹早就设计好了的，是《红楼梦》总体规划的一部分。

毘陵驿

宝玉在书中最后一次现身是在一个被称为“毘陵驿”的地方。宝玉在那里拜别贾政，彻底了断了尘缘，然后跟着一僧一道两位仙人飘然而去。毘陵，是江苏常州的旧称。书中说，贾政护送贾母的棺木到金陵安葬，回途中路过毗陵。查地图可知，毗陵在金陵之南，贾政从金陵北返，怎么会“路过”？其实，雪芹写宝玉在毗陵“出家”是有含义的。原来，几百年前，东坡就是在毘陵去世的。当时以及后世的百姓，把东坡去世看作是升天成仙，东坡去世的地方也被看作是他升仙之地。在雪芹的构思中，宝玉的结局不是出家当了和尚，而是与东坡一样，悟道后成仙，他们最终相聚在仙山琼阁之中。这就是“毗陵”出现在书中的意义。

第一百二十回，回目是“甄士隐详说太虚情 贾雨村归结红楼梦”。书中说，贾政扶贾母灵柩到金陵安葬，回来时，行到毘陵驿地方。那天乍寒下雪，泊在一个清静去处。贾政正在船上写家书，抬头忽见船头上微微的雪影里面一个人，光着头，赤着脚，身上披着一领大红猩猩毡的斗篷，向贾政倒身下拜。贾政尚未看清，急忙出船，欲待扶住问他是谁。那人已拜了四拜，站起来打了个问讯。贾政才要还揖，迎面一看，不是别人，却是宝玉。贾政大吃一惊，忙问道：“可是宝玉吗？”那人只不言语，似喜似悲。贾政又问道：“你若是宝玉，如何这样打扮，跑到这里？”宝玉未及回言，只见船头上来了两人，一僧一道，夹住宝玉说道：“俗缘已毕，还不快走！”说着，三个人飘然登岸而去。贾政不顾地滑，急忙来赶。见那三人在前，哪里赶得上？只听得他们三人口中不知是哪个作歌曰：“我所居兮，青埂之峰。我所游兮，鸿蒙太空。谁与我逝兮，吾谁与从。渺渺茫茫兮，归彼大荒。”贾政一面听着，一面赶去，转过一小坡，倏然不见。

这就是书中交代的宝玉的结局。一般人会认为宝玉是出家了，实际上，他并不是出家，这世上并没有一座庙或者一座道观在等着他。雪芹的设计是让宝玉在世间饱受磨难，待修炼成功后再逃离红尘。那一僧一道就是上天派来度化宝玉的使者，也是宝玉重归西方仙山的引路人。

这里暂不讨论宝玉重返仙山的问题，先说说他与贾政最后告别的这个地方：毘陵驿。毘陵驿在哪里？我们查字典得知，毘陵又名毗陵，是常州的旧称。那么问题来了，常州在金陵之南，贾政从金陵北归，怎么会行到常州？书中这段文字的下方，有道光年间红学大家张新之的一句批语：“毘陵在常州府，贾氏父子相见于此，一部大书归一‘常’字，即张太医‘细穷源’之‘经’字也。”真是这样吗？

程伟元在他的《红楼梦序》中说，他为找全红楼梦的稿子，在藏书家甚至故纸堆中无不留心，“数年以来，仅积有廿余卷。一日偶于鼓担上得十余卷，遂重价购之，欣然翻阅，见其前后起伏尚属接榫，然漶漫殆不可收拾。乃同友人细加釐剔，截长补短抄成全部。”我相信程伟元的说法。后四十回虽不是雪芹的原笔，但补写之人一定有部分原稿做参考，凭空臆造是不可想象的。残稿中当然会保留一部分雪芹的文字，毘陵驿这个地名就应该是原稿遗留下来的，只不过它的喻义不是如张新之说的“一部大书归一‘常’”“‘细穷源’之‘经’字”，而是另有所指。那它指的是什么呢？看一下苏辙《亡兄子瞻端明墓志铭》：“予兄子瞻谪居海南。四年春正月，今天子即位，推恩海内，泽及鸟兽。夏六月，公被命渡海北归。明年，舟至淮浙。秋七月被病，卒于毘陵。”原来，毘陵跟东坡有关。

公元1100年，宋哲宗元符三年，正月初九，哲宗崩逝。因为没有儿子，由弟弟赵佶继位，是为徽宗。神宗妻向氏以皇太后身份垂帘听政。新皇登基，大赦天下。此时东坡被贬在海南儋州已经有三个年头了。能重返中原，他心里当然高兴。但毕竟已是六十四岁高龄，又经受瘴毒侵扰，身体很虚弱，再加上舟车劳顿，到了常州就病倒了。弥留之际，杭州径山寺维琳和尚一直守在他身边，大声念经，助力他往生西方佛国。东坡最后面带微笑，喃喃自语道："去西方，不用使那么大劲~~"东坡病逝在常州，那一年是公元1101年，宋徽宗建中靖国元年。

东坡写过一篇短文叫《东坡升仙》，文章大意是说他这一生遭人"口语"无数，谁都爱聊有关他的事，好事也聊，坏事也聊；有的聊，没的也聊。传他死后升天了就有数回，说上帝召他"当上宾"去了。这话甚至传到了神宗皇帝那儿，让神宗难过叹息了许久。东坡在常州逝世，民间也盛传他是升天成仙去了。雪芹把宝玉告别尘世安排在他认为的东坡成仙地毘陵，也即是常州，是一早就设计好了的。《红楼梦》开篇说"悲喜千般同幻渺，古今一梦尽荒唐"，古指东坡，今指宝玉（雪芹的代言人），他们的世间梦都结束在同一个地方，又在同一个地方开启了新的仙人梦。这也是雪芹特意写"梦坡斋"的缘由。

黄叶村

黄叶村这三个字在《红楼梦》中找不到。黄叶村不是书中的一个村，它是雪芹写书时落脚的地方。黄叶村在北京西山附近，雪芹在那里“怀金悼玉”，一共写了十年。他自己说“披阅十载，增删五次，纂成目录，分出章回”，为著书耗费了极大的心血，所谓“字字看来皆是血，十年辛苦不寻常”。我们若把以上信息联起来看，就发现这些内容在东坡的诗文中都出现过。黄叶村，一个多美的名字，看东坡的诗：“扁舟一棹归何处，家在江南黄叶村”。十年，著书，回忆往事，看东坡的这句诗：“回看十年事，黄叶卷秋风”。

黄叶村这个名字，没有出现在《红楼梦》书中，不是宝玉、黛玉或者其他书中人物住过的地方，是后人推测雪芹撰写《红楼梦》的地方。《红楼梦》开头有这么一段，交代雪芹是在什么地方写作的：“曹雪芹在悼红轩中披阅十载，增删五次，纂成目录，分出章回，则题曰《金陵十二钗》。”这里提到“悼红轩”。我们知道，“悼红轩”只是雪芹书斋的名字，其具体位置在哪里，书中并没有给出答案。那么，黄叶村三个字从何而来呢？

据红学家考证，雪芹生于南京织造世家，从小过着钟鸣鼎食的生活。十岁左右其叔父曹頫因经济亏空案被抄解归京。雪芹一家先在崇文门外蒜市口居住，几经搬迁，后定居在北京西山附近，也就是香山正白旗的祖居地。在那里，雪芹开始撰写《红楼梦》。雪芹曾跟他的朋友们透露，他住的地方叫黄叶村，他的一个叫敦诚的朋友在一首诗中也提到这个地名。敦诚诗的题目是《寄怀曹雪芹》，末四句是："劝君莫弹食客铗，劝君莫叩富儿门。残杯冷炙有德色，不如著书黄叶村。"可是，现代的学者们查遍了香山乃至整个西山的地方志，根本找不到一个叫"黄叶村"的地方，这又是怎么回事呢？

其实，黄叶村不是一个真实的村落，它是一个想象出来的、具有象征意味的地名。这三个字曾出现在东坡的一首诗中。东坡七绝诗《书李世南所画秋景》："野水参差落涨痕，疏林欹倒出霜根。扁舟一棹归何处，家在江南黄叶村。"原来，黄叶村是一个东坡认为很美的、可以安家的地方。再看东坡的另一首诗，诗的题目是《哭王子立》。我们先来介绍一下王子立这个人。王子立是山东密州（诸城）人，东坡在密州当太守的时候两人见过面。据东坡自述，在他们见面之前，王子立曾跟他的朋友说，他做了一个奇怪的梦，梦到他和苏太守家结为了儿女亲家。后来这个梦想成了现实，王子立的女儿嫁给了苏辙的小儿子，苏王两家真的结为亲家。后来王子立死了，东坡作诗哭他。诗中说："儿曹莫凄恸，老眼欲枯萎。会哭皆豪杰，谁为感旧诗。"东坡《哭王子立》诗一共三首，感情真挚，抒发了对老友深深的思念之情。第三首诗的最后两句是："回看十年事，黄叶卷秋风。"

东坡诗中提到的"感旧诗"，原指东晋的向子期追思昔日与嵇康、吕安等好友而写的《感旧赋》，这与雪芹撰写《红楼梦》有相通之处。雪芹在书中说："今风尘碌碌，一事无成。忽念及当年所有之女子，一一细推了去，觉其行止见识皆出于我之上……万不可因我之不肖，自护其短，则一并使其泯灭也。"可见雪芹写《红楼梦》也是一种"感旧"。东坡诗"家在江南黄叶村"引发了雪芹内心的感慨，从雪芹个人的经历看，那也正是他这个江南之人的心灵归宿啊！再把东坡诗中的"感旧""十年""黄叶卷秋风"等意象连起来，对照雪芹的"字字看来皆是血，十年辛苦不寻常"，就不难理解雪芹写《红楼梦》的地方为什么叫"黄叶村"了。

虽然黄叶村不是个真实的地名，但后人为了纪念雪芹，还是以"黄叶村"为名建了一座曹雪芹纪念馆，地址就在北京香山的植物园内。

藕香榭

藕香榭建在大观园的水面上。湘云请贾母逛园子，第一站就到了藕香榭。藕香榭柱子有副对联，湘云念给贾母听。对联写的是："芙蓉影破归兰桨，菱藕香深写竹桥。"在雪芹的笔下，藕香榭与湘云之间有着一种神秘的联系，湘云与黛玉凹晶馆联诗，她眼前飞过的白鹤也是直往藕香榭而去。这是后文，暂且不表。——如果照柱子上的对联揣摩，这得是多大的一个湖啊！大观园里怎么可能有这样的景致。另外，菱和藕主要产自南方，北方很少有，对联这样写，明显不合适。雪芹真实的意图是反映东坡治理杭州西湖的事。史书记载，东坡当年完成疏浚工程后，在堤上遍植芙蓉杨柳，在湖中养植菱藕，美化环境，为民谋利。藕香榭这段文字让我们再一次看到，雪芹是如何在湘云身上渗透进了东坡的故事。

第三十八回。湘云做东邀请贾母等人到园子中赏桂花。贾母进园来，问："哪一处好？"王夫人道："凭老太太爱在哪一处，就在哪一处。"凤姐道："藕香榭已经摆下了，那山坡下两颗桂花开得又好，河里的水又碧清，坐在河当中的亭子上岂不敞亮，看着水眼也清亮。"贾母听了，说："这话很是。"说着，就引了众人往藕香榭来。

到了藕香榭，贾母见柱子上挂的黑漆嵌蚌的对子，命人念。湘云念道："芙蓉影破归兰桨，菱藕香深写竹桥。"贾母点头赞许，对众人说："我先小时，家里也有这么一个亭子，叫作什么'枕霞阁'。"说起枕霞阁，又勾出了贾母当年淘气的一段旧事。贾母旧家也即是湘云的老家，书中隐含着另外的意思，待另文详述。这里要讲的是这一句：菱藕香深写竹桥。

菱，是指菱角花；藕，是指藕花，即荷花。这两种花虽然好看，但都不以“香”闻名。这里为什么用“香深”来形容？

不用去翻字典查资料，书中第八十回就有解释。那一日，薛蟠新娶的媳妇夏金桂存心整香菱，把香菱叫过去，拿她的名字找茬。书中说，金桂将脖项一扭，嘴唇一撇，鼻孔里哧了两声，拍着掌冷笑道：“菱角花谁闻见香来着？若说菱角香了，正经那些香花放在哪里？可是不通之极！”香菱道：“不独菱角花，就连荷叶莲蓬，都是有一股清香的。但它那原不是花香可比，若静日静夜或清早半夜细领略了去，那一股香比是花都好闻呢。就连菱角，鸡头，苇叶，芦根得了风露，那一股清香，就令人心神爽快的。”

“清早半夜”“得了风露”“有一股清香”……这么“文”的词，是一个从小被拐卖无知无识的小丫头能说出来的吗？她一定有所本。若问本自何来，我们当然还是想到东坡。看东坡《夜泛西湖》诗第四首：“菰蒲无边水茫茫，荷花夜开风露香。渐见灯明出远寺，更待月黑看湖光。”这下明白了吧？所谓菱藕花得了风露在夜半泛出一股清香，是东坡说的，香菱不过是在转述。湘云念的那个对子，即“菱藕香深写竹桥”，到这里也就有了一个交代。

在书中第三十七回，还写了这样一件事。袭人装了一个盒子的红菱和鸡头，一个盒了的桂花糖蒸新栗粉糕，打发一个婆子去给湘云送过去，说：“这都是今年咱们这里园里新结的果子，宝二爷送来与姑娘尝尝。”袭人说的园子当然就是大观园。大观园里盛产红菱、鸡头（芡实），读者不禁会问，这大观园的水面得有多大啊？

其实，雪芹写大观园的水景，笔下的参照物不是北方王府的花园，而是东坡所在的杭州西湖。北京私家的花园都不大，即便是最大的恭王府花园，那水面也就百米大小，不会有“芙蓉影破归兰桨，菱藕香深写竹桥”的场面。至于在水上种菱、种藕，那更是西湖的特产，北京这个地方主要的功能还是看花。东坡当年就在西湖中广种菱角和藕，一方面他是为治理西湖的需要，一方面他也考虑到杭州百姓的生计。东坡有一首《南歌子》词，写西湖的湖景，下半阕是：“佳节连梅雨，馀生寄叶舟。只将菱角与鸡头。更有月明千顷、一时留。”由此可见，雪芹写菱角和鸡头等等，是有很深的考量。读者若能把大观园和西湖产生联想，把东坡和《红楼梦》产生联想，方才不负雪芹的苦心。

贾母生日

贾母过生日是雪芹重点写的一个章节。蹊跷的是，贾母生日在八月初三，但书中过生日所有的活动都围绕着七月二十八日这天来写。而到了八月初三正日子，一切都偃旗息鼓了，仿佛什么事都没有发生，轻轻地一笔带过。七月二十八日既是开始也是高潮。人们不禁要问，谁家是这么过生日呀？如果说是贾府的习俗，那也不对，书中写过很多人过生日，他们都是在正日子庆祝。结论只有一个：七月二十八日是个特殊的日子，这个日子雪芹特别想让读者记住。七月二十八日，是东坡升仙的日子。

第七十一回。书中说，今年八月初三日乃贾母八旬之庆，贾政与贾赦及贾珍、贾琏等商议，议定于七月二十八日起至八月初五日止，荣宁两府齐开筵宴，宁国府中单请官客，荣国府中单请堂客，大观园中收拾出缀锦阁并嘉荫堂等几处大地方来作退居。二十八日请皇亲驸马王公诸公主郡主王妃国君太君夫人等，二十九日便是阁下都府督镇及诰命等，三十日便是……两府之人照此安排去做准备。

至七月二十八日，两府中俱悬灯结彩，屏开鸾凤，褥设芙蓉，笙箫鼓乐之音，通衢越巷。北静王、南安郡王、南安王太妃、北静王妃都来了，可谓贵客盈门，热闹非凡。摆酒席，唱大戏，迎来送往，贾府上下忙得人仰马翻。原以为给贾母祝寿是个连续剧，从七月二十八日拉开序幕，到八月初三达到高潮，谁知书中只写了七月二十八日这一天的庆祝活动，到了正日子八月初三却只字不提，这是庆祝活动该有的节奏吗？仔细想来，雪芹这样写法，目的只为突显一个特殊的日子，即七月二十八日。这一天是东坡的纪念日。

公元一一零零年，被贬谪在海南儋州的东坡遇大赦返回中原。经过数月的舟车劳顿，走到常州他就病倒了，且一病不起，于一一零一年七月二十八日在常州病逝，享年六十四岁。

雪芹在《红楼梦》书中，从一开始就把东坡的信息散落在各个角落，包括他的生日和他的祭日。在雪芹看来，东坡在人世的祭日正是他成仙的生日，这个日子值得纪念，值得大书特书，这样就不难理解雪芹安在七月二十八日为贾母福寿的用意了。

贾母的丫鬟

贾母是位生活品位极高的老太太，衣食住行都很讲究。从跟她老人家有关的几件物品的名称即可看出端倪。她赏给宝玉的一件衣服叫“雀金裘”，赏给宝琴的一件叫“凫靥裘”，都是好听而从没听说过的名字。读者须注意，很多富有诗意的名称，都来自东坡。如贾母屋里的卧榻叫“碧纱橱”，就出自东坡诗“凉簟碧纱橱”；贾母说有一种纱叫“软烟罗”，则出自东坡诗“簟纹如水帐如烟”。贾母丫鬟们的名字也都可以在东坡的诗词中找到出处。有趣的是，贾母姓史，东坡的奶奶也姓史，贾母称太君，东坡的奶奶也被封为太君。

《红楼梦》中，贾母无疑是一个极其重要的角色。她是宝玉的祖母，也是宁荣两府共同的大家长。老太太雍容华贵而不失幽默，德高望重又让人感到和蔼可亲。为写好这个人物，雪芹花了大心思。有一点特别值得注意，就是他在写贾母的故事中，化用了很多东坡的笔墨。

在第三回写贾母安置黛玉时，提到了一个词：“碧纱橱”。这是个睡觉休息的地方，离贾母的卧室不远，黛玉来之前宝玉就睡在那里。“碧纱橱”这三个字就出自东坡。他在一首《南乡子》词中说：“凉簟碧纱橱，一枕清风昼睡余。”在第四十回写贾母逛园子，来到黛玉住的潇湘馆时，老太太又提到了一种叫软烟罗的纱。贾母说，这种纱“若是做了帐子，糊了窗屉，远远地看着，就似烟雾一样，所以叫作‘软烟罗’。”帐子远看似烟雾，这也是化用了东坡的诗句。东坡有一首诗，名字叫《南堂》，其中的两句是：

“扫地焚香闭阁眠，簟纹如水帐如烟。”

贾母身边经常出场的丫鬟除了鸳鸯，还有琥珀、翡翠等，这些都是月银一两的大丫鬟。这几个丫鬟的名字，都出自东坡的一首《南歌子·楚守周豫出舞鬟》词，其中的第二首是：“琥珀装腰佩，龙香入领巾。只应飞燕是前身，共看剥葱纤手舞凝神。柳絮风前转，梅花雪里春。鸳鸯翡翠两争新，但得周郎一顾胜珠珍。”珠珍，是珍珠的倒装，为词的押韵。毛泽东“春风杨柳万千条，六亿神州尽舜尧”，其中“舜尧”也是为押韵而倒装，实际应该是“尧舜”。我们数一下，这里有琥珀，有鸳鸯，有翡翠，还有珍珠。前面三个大家都不陌生，这珍珠是谁？书中第三回有交代。书中说，“原来这袭人亦是贾母之婢，本名珍珠。贾母因溺爱宝玉，生恐宝玉之婢无竭力尽忠之人，素喜袭人心地纯良，克尽职任，遂与了宝玉。宝玉因他本姓花，又曾见旧人诗句上有‘花气袭人’之句，遂回明贾母，更名袭人。”这下就清楚了。原来珍珠就是袭人（在第二十九回中，贾母去清虚观打醮，又出现了一个叫珍珠的丫鬟。这个丫鬟应当是后补的，仍取了原名）。贾母还有一个丫鬟叫玻璃，巧合的是，东坡家门前的那条江（岷江在眉山境内的一段）就叫玻璃江。看东坡《送杨孟容》：我家峨眉阴，与子同一邦。相望六十里，共饮玻璃江。

雪芹写贾母，还有一点也很有趣。贾母是宝玉的奶奶，姓史；东坡的奶奶也姓史。雪芹称贾母为“史太君”，而东坡奶奶的封号就是“蓬莱县太君”，乡人也称她为“史太君”。东坡在为他爷爷写的《苏廷评行状》中说：“娶史氏，夫人先公十五年而卒，追封蓬莱县太君。”都叫史太君，是巧合还是故意？我觉得是故意。贾府之人，不论当面还是背后，都没有称贾母为太君的习惯。读者知道贾母又称史太君，是从《红楼梦》的回目中了解的，如第四十回“史太君两宴大观园”等。回目是雪芹拟的，他当时一定有个“太君”的影像在脑子里，而这个影像也一定会和他笔下总闪动的影子——东坡，连在一起。因此，这“史太君”三个字，除了让人联想起东坡的奶奶，还能有别的作用吗？

大观园十三人

大观园鼎盛时期一共住了多少人？雪芹排着队一个一个数给大家瞧，一共数出了十三个人。有人抬杠，说雪芹数的不对，十三人中包含凤姐儿，可凤姐儿什么时候住进大观园了？雪芹还说“除李纨年纪最长，他十二个人皆不过十五六七岁”，这就更没道理了，难道凤姐儿跟宝玉、黛玉一边大？很明显凤姐儿是后被拉进来的，雪芹把她拉进来的目的是要凑数，要凑够十三个人之数。为什么偏要凑够十三个人？这和东坡的一段往事相关。东坡当年考进士，他家乡眉州金榜题名的正好是十三个人。这件事东坡多次跟人提到。雪芹这里影射的就是东坡和他的朋友们。

第四十九回。书中说，自打宝钗家、李纨家、邢夫人家等各路亲戚汇至贾府后，大观园比先前更热闹了多少。李纨为首，余者迎春、探春、惜春、宝钗、黛玉、湘云、李纹、李绮、宝琴、邢岫烟，再添上凤姐儿和宝玉，一共十三个。叙起年庚，除李纨年纪最长，他十二个人皆不过十五六七岁，或有这三个同年，或有那五个共岁，或有这两个同月同日，那两个同刻同时，所差者大半是时刻月份而已。连他们自己也不能细细分晰，不过是“弟”“兄”“姊”“妹”四个字随便乱叫。

这段文字细看很有意思。说大观园比先前更热闹了，列举了十二个住在大观园中的人，偏偏漏了另一位也住在大观园且名列十二钗金榜的妙玉。如果说妙玉是修行之人不爱凑大观园的热闹，为什么要加上一个不住在大观园的凤姐儿？还说“除李纨年纪最长，他十二个人皆不过十五六七岁”，难道凤姐儿跟宝玉、黛玉一边大？很明显凤姐儿是后被拉进来的，雪芹把她拉进来的目的是要凑数，要凑够十三个人之数。

雪芹这里一定要凑足十三个人，首先与他信奉佛教有关，因为十三在佛教中是个吉祥的数字，有佛教十三宗、佛塔十三层的说法。此外，跟同样信奉佛教的东坡也有关。东坡当年进京赶考，与他一同参加考试的眉山老乡大约有四五十人，最后考取进士的有十三个。东坡在《谢范舍人书》中说：“眉山去岁举于礼部者，凡四五十人，而执事与梅公亲执权衡而较之，得者十有三人焉。轼也在十三人之中。”东坡后来在诗文中多次说起这件事，对自己名列眉山十三人感到骄傲，如《次韵子由送家退翁知怀安军》：“吾州同年友，粲若琴上星。”东坡自注：“吾州同年友十三人，故有‘琴上星’之语。”琴上星指的是古琴上的徽记。古琴长三尺六寸五，代表一年三百六十五天。十三个徽代表十二个月和一个闰月。古代文人把抚琴作为自我修养的重要内容，十三数字恰与古琴上的星徽数相同，东坡以及他的朋友们都觉得很吉祥。正因为十三既是佛教的吉祥数字也是东坡的吉祥数字，所以雪芹才会在《红楼梦》里凑足十三个人，并以这十三个人来代表大观园最鼎盛的时期。

元妃薨日

《红楼梦》有多个版本，每个版本涉及的人物性格、故事情节不尽相同，有些甚至相互矛盾。其中，贾元春是怎么死的、什么时候死的，这两个问题因版本的原因，成为红学家们争论的焦点。有些版本写贾元春的判词是“虎兕相逢大梦归”，因虎与兕是两种凶猛的动物，它们遇到必有一场恶斗，于是一部分红学家就说贾元春是死于两派政治势力的斗争。另外一些版本的判词是“虎兔相逢大梦归”，有些红学家就认为这代表贾元春是在卯年寅月死的。现在通行的一百二十回版本的作者就持此一说，并将日期定在了十二月十九日。我认为，这个日子是雪芹遗留在残本上的，是提示读者注意的。这个日子很重要，因为它是东坡的诞辰日。

第九十五回，这一回的回目是“因讹成实元妃薨逝”。书中说，元春自选了凤藻宫后，圣眷隆重，身体发福，时发痰疾。一日痰气壅塞，四肢厥冷，内宫急传旨命贾母、王夫人等进宫探视。元妃此时痰塞口涎，不能言语，见了贾母，只有悲泣之状，却少眼泪。贾母、王夫人等不能久留，移至外宫伺候。稍刻，小太监传谕出来说：“贾娘娘薨逝。”是年甲寅年十二月十八日立春，元妃薨日是十二月十九日，已交卯年寅月，存年四十三岁。

翻回到书的第五回，宝玉在太虚幻境看到元春的判词是：“二十年来辨是非，榴花开处照宫闱。三春争及初春景，虎兔相逢大梦归。”大梦归当然就是薨了，这没有异议；虎兔相逢是什么意思，争论很多。雪芹没有写完

《红楼梦》，到了九十五回写元妃之死已经是别人的笔墨了，虎兔相逢的解释权自然也就在别人的手里。续书人理解的“虎兔相逢大梦归”就是指元妃死的时间“已交卯年寅月”，卯代表兔，寅代表虎。这样绞尽脑汁要把元妃薨日安排在所谓的“虎兔相逢”那一天，真是够难为他的。近年有专家进行考证，他们认为判词中的“虎兔相逢”应该是“虎兕相逢”。兕，就是《高唐赋》中“虎豹豺兕”的那个兕。它是犀牛一类的野兽，凶猛异常。判词“虎兕相逢”不是指元妃死的日期，而是指她陷入了皇权争夺的斗争中，成为两大政治势力搏斗的牺牲品。专家的话听着也有道理，但真相究竟如何，只有雪芹本人才知道。对后世的读者来说，这就是一个永远无法解开的谜。

元妃之死是个谜，但元妃死期在书中是明确的，即十二月十九日。这个日子雪芹知道它的特殊意义，续书人不见得知道。所以，它出现在《红楼梦》后四十回中，多少让人感到意外。但是看看《红楼梦》程甲本程伟元作的序文，似乎对这个问题有了答案。程伟元说雪芹书的后十几回是他从鼓担上用重金买到的，“其前后起伏尚属接榫，然漶漫殆不可收拾”，他和友人作了“截长补短”的编辑整理。估计“十二月十九日”这几个字是留在原稿上未被“漶漫”属于“可收拾”的部分，程伟元和他的友人就顺手把它们排到了新版中，成为我们现在看到的样子。

十二月十九日究竟有何特殊？说它特殊，皆因它是一个纪念日，即东坡诞辰日。《红楼梦》本来就是真真假假、假假真真，雪芹把东坡去世日写成贾母大张旗鼓庆生日，在此又把东坡生日写成元妃薨日，其背后的喻义，须知音者方能明了。

杨妃飞燕

将宝钗比作杨妃，将黛玉比作飞燕，言一个微胖一个微瘦。在雪芹的心目中，不存在嫌瘦爱胖或者是嫌胖爱瘦，他认为宝钗与黛玉都很美，两个人各有特色。这个对美的态度是有传承的，与东坡所说的“短长肥瘦各有态，玉环飞燕谁敢憎”完全一致。在太虚幻境中，宝玉遇到一个乳名“兼美”的女孩儿。所谓“兼美”，即兼具宝钗与黛玉之美。人间没有“兼美”，“兼美”活在天上。雪芹的这点意思，你体会到了吗？

第二十七回，回目是“滴翠亭杨妃戏彩蝶，埋香冢飞燕泣残红”。书中说，这日是芒种节，尚古风俗是要设摆各色礼物，祭饯花神，言芒种一过，便是夏日了，众花皆卸，花神退位，须要饯行。然闺中更兴这件风俗，所以大观园中之人都早起来了。那些女孩子们，或用花瓣柳枝编成轿马的，或用绫棉纱罗叠成干旄旌幢的，都用彩线系了。每一棵树上，每一枝花上，都系了这些物事。满园里绣带飘飘，花枝招展，更兼这些人打扮得桃羞杏让，燕妒莺惭，一时也道不尽。宝钗正在园里走着，忽见前面一双玉色蝴蝶，大如团扇，一上一下迎风蹁跹，十分有趣。宝钗意欲扑了来玩耍，遂向袖中取出扇子来，向草地下来扑。只见那一双蝴蝶忽起忽落，来来往往，穿花度柳，将欲过河去了。倒引得宝钗蹑手蹑脚地，一直跟到池中滴翠亭上，香汗淋漓，娇喘细细。

上面这一段是“滴翠亭杨妃戏彩蝶”，再看下面这一段“埋香冢飞燕泣残红”。

宝玉低头看见许多凤仙石榴等各色落花，锦重重地落了一地，便把那花兜了起来，登山渡水，过树穿花，一直奔了那日同林黛玉葬桃花的去处来。将已到了花冢，犹未转过山坡，只听山坡那边有呜咽之声，一行数落着，哭得好不伤感。宝玉心下想道：“这不知是那房里的丫头，受了委屈，跑到这个地方来哭。”一面想，一面刹住脚步，听他哭道是：“花谢花飞花满天，红消香断有谁怜？游丝软系飘春榭，落絮轻沾扑绣帘……”这就是林黛玉那首耳熟能详的《葬花吟》，因篇幅太长，这里只选录了开头几句。

看到这儿，细心的读者可能会发现，文中并没有出现回目上“杨妃”“飞燕”这样的字眼，只有宝钗和黛玉。书中说的杨妃即杨玉环，唐玄宗的妃子；飞燕即赵飞燕，汉成帝的皇后。两人都是中国历史上著名的美女，一个胖一个瘦，所谓“环肥燕瘦”，指的就是她们俩。雪芹这么写，难道是把宝钗、黛玉直接比作杨妃、飞燕不成？

《红楼梦》有许多谜，其中之一就是为什么雪芹总把黛玉和宝钗合在一起写。人们猜来猜去，至今也没有一个令人信服的答案。看金陵十二钗正册判词之一：图是“两株枯木，木上悬着一围玉带；又有一堆雪，雪下一股金簪。”词是“可叹停机德，堪怜咏絮才！玉带林中挂，金簪雪里埋”。这是黛玉和宝钗的判词。再看十二钗其他人的判词，每人都是单人单词，偏偏黛玉宝钗两个大主角是二人共用一词。下面再看红楼梦曲《终身误》：“都道是金玉良姻，俺只念木石前盟。空对着，山中高士晶莹雪，终不忘，世外仙姝寂寞林。叹人间，美中不足今方信。纵然是齐眉举案，到底意难平。”也是黛玉宝钗合着写。就连与宝玉在太虚幻境云雨的可卿，雪芹也说她“其鲜艳妩媚，有似乎宝钗，风流袅娜，则又如黛玉”。而在本回书中，雪芹再一次将宝钗黛玉合在一起对照着写，还把她们比作杨妃和飞燕。这究竟是为什么？

历史上，喜欢杨玉环的人很多，喜欢赵飞燕的人也不少。她俩到底谁更美，没人能说清楚。我们还是看看东坡是怎么说的吧。他在写给朋友的一首论书法的诗中，提到了玉环和飞燕。诗曰：“杜陵评书贵瘦硬，此论未公吾不凭。短长肥瘦各有态，玉环飞燕谁敢憎。”意思是，杜甫论书法以“瘦硬”为佳（杜甫有“书贵瘦硬方通神”的说法），这个评论我不同意。短也好长也好，肥也好瘦也好，各有各的神采。就像杨玉环与赵飞燕，你能说她们哪个不美?

在雪芹的心目中，黛玉、宝钗虽然脾气相貌大不相同，但都是极为出色的女孩儿。他把这两位放在同样重要的位置上来写，既不存在抑林扬薛，也不存在抑薛扬林。东坡“玉环飞燕谁敢憎”的观点，正符合了雪芹创作人物的需要。他把“杨妃”“飞燕”这两个名字写到回目中，目的就是提醒读者，要像东坡看待玉环与飞燕一样看待宝钗与黛玉。也正因为如此，雪芹写黛玉，不仅写了她的才华，也写了她的狭隘，读者在黛玉貌似尖刻的词语中能感受到她饱含的深情；写宝钗，既写了她的大度，也写了她的世故，在宝钗貌似平和的外表下读者也能看到她隐藏很深的心机。这两位优秀的女孩儿在《红楼梦》书中是重要的角色，她们从不同角度满足了宝玉对女性的渴望。这里需要特别说一下，雪芹将宝钗、黛玉比作玉环、飞燕，是取东坡两个都美的意思，不是要褒贬宝钗的胖或者黛玉的瘦。宝玉不知轻重当面说宝钗像杨妃，顿时就把宝钗惹怒了。看第三十回的这一段。书中说，宝玉问宝钗：“姐姐怎么不看戏去？”宝钗道：“我怕热，看了两出，热得很。要走，客又不散。我少不得推身上不好，就来了。”宝玉听说，自己由不得脸上没意思，只得又搭讪笑道：“怪不得他们拿姐姐比杨妃，原来也体丰怯热。”宝钗听说，不由得大怒，待要怎样，又不好怎样。回思了一回，脸红起来，便冷笑了两声，说道：“我倒像杨妃，只是没一个好哥哥好兄弟可以比得杨国忠的！”宝玉没敢当面把黛玉比飞燕，如果比了，劈头盖脸一顿骂估计是免不了的。

薛小妹怀古诗

这里的“薛小妹”代指宝钗的堂妹薛宝琴。本来说好了大家一起作灯谜，到过年时猜着玩，偏偏薛家小妹独出心裁，作了十首怀古的诗，还说“诗虽粗鄙，却怀往事，又暗隐俗物十件”，让大家猜。这一猜就猜了二百多年。不但大观园内无人能猜，大观园外，数以亿计的读者也没有一个敢说全都猜对的，包括那些皓首穷经的红学家们。薛小妹打头的一首名为《赤壁怀古》，与东坡传诵千古的那首《念奴娇》“大江东去”同名，谁能说雪芹不是故意的？

第五十回。快过年了，贾母吩咐大观园众位哥儿姐儿制作一些灯谜供游戏时猜着玩。宝玉、黛玉、宝钗、湘云都作了，压轴上场的是薛家小妹薛宝琴。她对众人说：“我从小儿所走的地方的古迹不少。我今捡了十个地方的古迹，作了十首怀古的诗。诗虽粗鄙，却怀往事，又暗隐俗物十件，姐姐们请猜一猜。”第五十回就此截住了，雪芹另开一回书讲她这十首怀古诗谜，回目是“薛小妹新编怀古诗”。

书中说，众人闻得宝琴将素习所经过各省内的古迹为题，作了十首怀古绝句，内隐十物，皆说这自然新巧。都争着看时，只见写道是：第一首，赤壁怀古；第二首，交趾怀古；第三首，钟山怀古；第四首，淮阴怀古；第五首，广陵怀古；第六首，桃叶渡怀古；第七首，青冢怀古；第八首，马嵬怀古；第九首，蒲东寺怀古；第十首，梅花观怀古。众人看了，都称奇道妙。猜了一回，皆不是。

猜谜在贾府是最受欢迎的游戏之一，上自史太君下至众儿孙，个个都是制谜猜谜的高手。书中多次写园子里猜谜的场景，有猜到的有猜不到的，到最后都会给出答案（谜底），大家热热闹闹开心一笑完事。可是，薛家小妹这十首诗，也就是十个谜语，谜底是什么，书中并没有交代，雪芹把它们不管不顾地摆在那里，转头讲别的事去了。这下把读者害苦了。二百多年来，无数红学家还有《红楼梦》的爱好者绞尽了脑汁去猜，猜出来的东西五花八门，没有一个人敢说自己全猜对了。这里选一些可信度比较高的答案让大家看一看。第一首是“蚊子灯”，第二首是“喇叭”，第三首是“木偶”，第四首是“打狗棒”，第五首是“牙签”，第六首是“纱灯”，第七首是“墨斗”，第八首是“肥皂”，第九首是“骰子”，第十首是“扇子”。

我怀疑雪芹出这十首猜谜诗不是真的让读者去猜，他是另有含义。梳理一下这十首诗，我认为大致可分成三个部分。第一首是一部分，第二至第八首是一部分，最后两首是一部分。先看第一部分，标题是“赤壁怀古”。如果标题是“赤壁”，人们可能会去想赤壁大战，曹操、周瑜、诸葛孔明等等，但说到“赤壁怀古”，更多的人可能会联想到东坡的那首同名的《念奴娇》词：“大江东去，浪淘尽，千古风流人物。故垒西边，人道是、三国周郎赤壁。乱石穿空，惊涛拍岸，卷起千堆雪。江山如画，一时多少豪杰。遥想公瑾当年，小乔初嫁了，雄姿英发，羽扇纶巾，谈笑间、樯橹灰飞烟灭。故国神游，多情应笑我，早生华发。人生如梦，一樽还酹江月。”《红楼梦》的主旨雪芹在开卷时说得很清楚，就是循着“人生如梦”这个路径走。东坡的生命经验和人生态度无疑对雪芹产生过巨大影响。这里借薛小妹把《赤壁怀古》摆在第一位，就是为突出东坡的存在，也为余下的九首诗奠定思想基础。

第二部分是对一些历史事件和历史人物的歌咏与感叹，是第一首诗思想的延展和发挥。我们看到，由于第一首诗定了“悲风冷”的基调，这七首无一例外都带着伤感，什么帝王将相、才子佳人，所有这些“风流人物”最终都被“浪淘尽”，都被湮没在了历史的红尘中。

第三部分讲的是蒲东寺和梅花观怀古。蒲东寺和梅花观这两处都是戏文上的地名，即便有人想“怀古”，你去哪里找它们？宝钗就先说道：“前八首都是史鉴上有据的，后二首却无考，我们也不大懂得，不如另作两首为是。”其实，雪芹写这两首诗根本就不是“怀古”，他只是为显示“寺”和“观”这两个字。这一寺一观代表着书中经常出现的一僧一道两位仙人。雪芹这里的意思很清楚，既然人间如东坡所说就是一场梦，那就要趁早醒悟，而醒悟的途径就是跟着一僧一道也即是那两位仙人走。《红楼梦》主人公宝玉的结局就是如此。

顺便提一句，书中并没有人称呼宝琴为“薛小妹”，薛小妹三个字只在回目中出现过。民间传说东坡有个妹妹叫苏小妹，明代冯梦龙写的《醒世恒言》里还有一个“苏小妹三难新郎”的故事，这个故事在民间广为流传。估计雪芹称宝琴为“薛小妹”也是受了这个传说的影响。

宋学士

在秦可卿的卧房里挂着一副对联：嫩寒锁梦因春冷，芳气笼人是酒香。书中说这副对联是“宋学士秦太虚写的”。这里面有两个问题，第一，秦太虚不是宋朝官方承认的学士；第二，那副对联也不是秦太虚写的。雪芹这么写是什么意思？答案其实很简单：秦太虚不是官方承认的学士，却是世人皆知的“苏门学士”，他是东坡的弟子，他的身后有东坡的影子。

第五回。宝玉随贾母过宁国府赏梅花。一时宝玉倦怠，欲睡中觉，贾母命人好生哄着，歇一回再来。贾蓉之妻秦氏便引他来至上房内间。宝玉抬头看见一幅画贴在上面，画的人物固好，其故事乃是《燃藜图》，也不看系何人所画，心中便有些不快。又有一副对联，写的是：

世事洞明皆学问，人情练达即文章。

宝玉看了这两句，纵然室宇精美，铺陈华丽，亦断断不肯在这里了，忙说：“快出去！快出去！”秦氏听了笑道：“这里还不好，可往哪里去呢？不然往我屋里去吧。”宝玉点头微笑。大家来至秦氏房中。刚至房门，便有一股细细的甜香袭人而来。宝玉觉得眼饧骨软，连说“好香！”入房向壁上看时，有唐伯虎画的《海棠春睡图》，两边有宋学士秦太虚写的一副对联，其联云：

嫩寒锁梦因春冷，芳气笼人是酒香。

案上设着武则天当日镜室中设的宝镜，一边摆着飞燕立着舞过的金盘，盘内盛着安禄山掷过伤了太真乳的木瓜。上面设着寿昌公主于含章殿下卧的榻，悬的是同昌公主制的联珠帐。宝玉含笑连说："这里好！"秦氏笑道："我这屋子大约神仙也可以住得了。"说着亲自展开了西子浣过的纱衾，移了红娘抱过的鸳枕。宝玉合上眼，做了一个春梦。

如果说唐伯虎的画、秦太虚的对联或许从题款中能看到作者的姓名，那剩下的宝镜、金盘、木瓜等等，怎么知道跟武则天、赵飞燕、安禄山、西子、红娘有关系？把这些凑在一起撑场面，就为了达到"神仙也可以住得"的效果？这里面肯定有文章。

说说对联的"作者"宋学士秦太虚。

秦太虚即秦观，北宋著名的词人。观，是名；太虚，是字。他还有一个字，少游。书中第二回贾雨村演说正邪两赋之人，把他归在"逸士高人"那一类，贾雨村就称他为"秦少游"。秦观最著名的一首词是《鹊桥仙》：

纤云弄巧，飞星传恨，银汉迢迢暗度。金风玉露一相逢，便胜却人间无数。

柔情似水，佳期如梦，忍顾鹊桥归路。两情若是久长时，又岂在朝朝暮暮。

秦观没有做过什么大官，最高就是秘书省正字兼国史馆编修。他为世人所知，除了他的词，比如上面这首《鹊桥仙》，还因为他有另外一个身份，即他是东坡最亲的弟子，是"苏门四学士"之一（其他三位是黄庭坚、张耒、晁补之）。东坡在徐州当太守的时候，秦观从家乡高邮出发，一路风餐露宿赶过去拜谒他心中的偶像，他说："我独不愿万户侯，唯愿一识苏徐州。"东坡对这个青年才俊也非常喜欢，夸他有"屈、宋之才"，欣然将其收入门下。

民间有一个"苏小妹三难新郎"的故事，说东坡有个妹妹叫苏小妹，新婚之夜，连着出了三道考题给新郎，若答不出来不许新郎入洞房。新郎官才貌双全，闯过一关又一关，终于赢得小妹的心，夫妻从此恩爱一生。故事中的新郎官就是秦观。这个故事流传很广，至今仍有许多人信以为真。其实，东坡根本就没有妹妹，因此也就不可能有秦观这个"妹夫"。但是他始终对秦观关爱有加，情谊超过了对其他所有的弟子，也是世人皆知的事实。

学士，在宋朝是个正式的官职，被朝廷授予“学士”是文职官员崇高的荣誉。学士分翰林学士和馆、殿、阁学士，东坡就担任过翰林学士、龙图阁学士、端明殿学士，而秦观从来没有官方“学士”的头衔。民间称秦观“学士”，原因只有一个，因为他是苏门学士。雪芹在这里称他“宋学士”也是在暗示这一层意思。此外，书中说“秦氏亲自展开了西子浣过的纱衾”，西子就是西施，东坡当年曾把西施称作西子，一字之差，让这个美女的形象显得更加俏丽。看东坡的这首咏西湖的七言绝句：

水光潋滟晴方好，山色空蒙雨亦奇。欲把西湖比西子，浓妆淡抹总相宜。

顺便说一下，“嫩寒锁梦因春冷，芳气笼人是酒香”这个对联不是秦观写的，查遍了秦观的《淮海集》以及其他的诗集、文集都没有。雪芹写这么一句，把它安在秦观的头上，称呼他为“宋学士秦太虚”而不是之前称呼过的“秦少游”，一是为了和“太虚幻境”做一个链接，二是为了突出他“学士”的身份，也可能有告诉读者不要忘了，他是苏门中人，他的老师是苏东坡的意思。

赞红梅

“琉璃世界白雪红梅”应该是《红楼梦》中最有诗意的一个回目。文字美，场景也美。宝玉冒着大雪去栊翠庵向妙玉讨来一枝红梅，为大观园开诗社的姐妹们增添了无穷的乐趣。雪芹对梅花的描写，完全遵照东坡的审美。东坡赞赏梅花“疏影横斜水清浅”“竹外一枝斜更好”，雪芹在书中就特别写“旁有一横枝纵横而出”，众人接下来的诗作也都是围绕着这个横枝来赞美梅花。

第五十回。大雪天，贾府一众小儿女在大观园开诗社，对雪吟诗。从王熙凤“一夜北风紧”开始，一个接一个即景联诗。宝玉联的诗被李纨评为“落第”，因此罚他去栊翠庵向妙玉乞一枝红梅来。书中说，宝玉去了，一会的工夫，只见他笑嗤嗤捧了一枝红梅进来，众丫鬟忙接过，插入瓶内。众人都笑称谢。下面有一段描写这枝梅花的文字：“原来这枝梅花只有二尺来高，旁有一横枝纵横而出，约有五六尺长，其间小枝分歧，或如蟠螭，或如僵蚓，或孤削如笔，或密聚如林，花叶胭脂，香欺兰蕙。”众人称赏罢，对着梅花开始做咏红梅诗。宝玉作的那首叫《访妙玉乞红梅》，其中一句特别要注意，就是“槎枒谁惜诗肩瘦”。槎枒，原意指树木歧出的枝杈，这里形容人瘦缩肩的样子。诗肩，出自东坡《是日宿水陆寺寄北山清顺僧》：“遥想后身穷贾岛，夜寒应耸作诗肩。”宝玉诗“谁惜诗肩瘦”这样一个问句，把读者的目光很自然地引向了那个怜惜诗人（贾岛）“肩瘦”的人，那个人当然就是东坡。下面看一下东坡是怎么歌咏梅花的吧。

论咏梅诗，东坡最佩服的是他同时代诗人林逋写的《山园小梅》，认为这首诗把梅花的姿态、气质展现得淋漓尽致。尤其是“疏影横斜水清浅，暗香浮动月黄昏”这一句，更令东坡拍案叫绝。东坡自己写的一首词《阮郎归·梅花》，开句就引用了林逋的这一句：“暗香浮动月黄昏，堂前一枝春。”曾经有人问东坡，把“疏影横斜水清浅，暗香浮动月黄昏”这句单拿出来，是不是也可以形容别的花，比如桃花、李花。东坡笑着回答说，可以是可以，只怕桃花李花自己不愿意，它们担不起。东坡的意思是，咏物诗的好处在于抓住了歌咏对象的精神气质，不能泛泛地就表象而谈。横斜的姿态、暗香飘逸的格调只适合表现梅花，其他花无此特质。东坡把林逋的《山园小梅》推为咏梅诗第一，直到他的得意门生秦观秦太虚的梅花诗出现。他在《和秦太虚梅花》一诗中写道：“西湖处士骨应槁，只有此诗君压倒。”西湖处士就是林逋。东坡说，天底下那么多人咏梅，只有秦观的诗超过了林逋。其实，东坡本人的这首诗也不错，其中“江头千树春欲暗，竹外一枝斜更好”也是传诵的名句。

要特别说明一点，这里不是在讨论梅花诗的优劣，是在说明东坡对梅花的审美以及他的审美对雪芹的影响。在东坡赞美林逋的诗、东坡写给秦观的诗中，都抓住了梅花的一个特点，东坡认为那才是梅花之所以美的关键，即梅花香要“暗香”，梅花枝要“斜”、要“横斜”。林逋还有“池水倒窥疏影动，屋檐斜入一枝低”“雪后园林才半树，水边篱落忽横枝”等咏梅的诗句，也都是在强调梅花的这一个特征。雪芹写宝玉从栊翠庵带回的梅花，高仅二尺，横枝却有五六尺。他把目光完全集中在了那“纵横而出”的横枝上，并说它“香欺兰蕙”。兰蕙之香都是幽香，也即是暗香。雪芹这样描写梅花，字里行间都能看出东坡美学对他的影响。

三位王夫人

宝玉投胎到王夫人家，跟东坡改写的一篇唐人传奇有关。那篇传奇上的主人公就是转世投胎生在了一个姓王的女人家里。《红楼梦》书中一共写了三位姓王的夫人，一位是宝玉的母亲，一位是宝钗的母亲，这两位是亲姐妹；还有一位王熙凤，是贾琏的妻子。东坡一生先后也有三位姓王的女性出现在身边。前两位是明媒正娶的夫人，她们是堂姐妹；最后一位叫朝云，她虽然没有“夫人”的名号，却是东坡最爱的女人。雪芹这样安排是有意为之还是纯属巧合，大家不妨都来想一想。

《红楼梦》书中有三位夫人，按年龄算，可说是两大一小，都来自“东海缺少白玉床，龙王请来金陵王”的王家。两个大的是亲姐妹，一个是宝玉的母亲，人称“王夫人”，一位是宝钗的母亲，人称“薛姨妈”。一个小的，是贾琏的媳妇，有称她“凤姐儿”的，有称她“二婶子”的，还有称她“奶奶的”，就是没有人称呼她“夫人”，尽管她是个名副其实的“王夫人”。

宝玉投胎到王姓妇人家，大概是受了东坡《僧圆泽传》的影响。《僧圆泽传》讲的是一个轮回转世的故事。圆泽是个僧人，一日和朋友出游，见江边一个孕妇在汲水，圆泽指着孕妇对朋友说：“这是我娘，姓王，她肚子里的孩子就是我投胎的。”十三年后，圆泽的朋友在杭州天竺寺外遇见一个牧童，这个牧童就是那个王姓妇人的孩子，也即前世的圆泽。他们相约在世间勤习佛法，积攒功德，日后再见。《僧圆泽传》有一句“三生石上旧精魂”

的歌词，因此，宝玉的前身神瑛侍者也是在三生石畔与绛珠草相遇，然后才有了《红楼梦》故事。

东坡的生命中先后也出现过三位王姓夫人，按进入苏家时的年龄算，也可以说是“两大一小”。两个“大的”，第一个叫王弗，四川青神县人，嫁东坡那年十六岁，二十七岁病逝；第二个叫王闰之，是王弗的堂妹，也是青神县人，与东坡共同生活了二十五年。一个“小的”，叫王朝云，杭州人，入苏家门时才九岁。严格来说，王朝云不能算是东坡夫人，她先是作为东坡的侍女，后来被收为妾，终了也没有“夫人”的名号。但是，这个没有“夫人”名号的王朝云却是东坡一生的挚爱，是她陪伴东坡度过了晚年最苦难的日子，她是事实上的“东坡夫人”。下面就介绍一下这三位“王夫人”。

王弗，东坡的第一任妻子，是长子苏迈的母亲。

王弗生长在一个读书人的家庭，知书达理。十六岁嫁到苏家时，东坡并不知道她读过书。东坡在家读书或写文章，王弗都陪在一旁，边做针线边关注他用功。有一次，东坡背书忘了一段，怎么也想不起来，正在着急的时候，王弗在旁边轻轻地提示了一句，把东坡吓了一跳，说：“原来你也背过书！”东坡兴奋地又拿出几本书考王弗，王弗都能答出个所以然来，让东坡喜出望外。从此，这对小夫妻又成了共同读书的好伴侣。

东坡首任地方官生涯始自凤翔府的签判。每天从官署回来，东坡总要跟王弗聊聊这一天处理的公事，听听她的意见。王弗经常告诫他现在远离父母，凡事要格外谨慎。王弗深知东坡天性淳朴，自然率真，见谁都是好人，这样的人在险恶的官场上很容易吃亏上当。她常躲在屏风的后面听东坡与客人谈话，客人离开后，她会出来跟东坡聊聊她对那些人的看法，比如，她觉得有些人心术不正、笑里藏奸；有些人言过其实、不可深交。后来证明，王弗所说的绝大部分都是对的。久而久之，东坡对王弗有了很深的依赖。

王弗二十七岁就去世了，留下东坡和一个不满七岁的儿子。东坡哀叹自己“永无所依怙”，只能与相爱的人在梦中相见了。十年后的一个月夜，王弗又一次走进他的梦中。东坡对着梦境中的王弗泪如雨下，情不自禁地挥笔写下了那首传诵千古、公认为是最好的悼亡诗——《江城子・乙卯正月二十日记梦》：

十年生死两茫茫。不思量，自难忘。千里孤坟，无处话凄凉。纵使相逢应不识，尘满面，鬓如霜。

夜来幽梦忽还乡。小轩窗，正梳妆。相顾无言，唯有泪千行。料得年年肠断处，明月夜，短松冈。

王闰之，东坡的第二任妻子，是东坡第一任妻子王弗的堂妹。东坡赞她“妇职既修，母仪甚敦（贤妻良母的意思）”。在《后赤壁赋》中东坡提到过王闰之。东坡说，那天晚上，他和两个朋友相聚，当时“有客无酒”，只好“归而谋诸妇”——回家找媳妇儿想办法。这个“妇”，就是王闰之。王闰之对东坡说：“我有好酒，藏之久矣，以待子不时之需。”这里不难看出，王闰之对丈夫东坡有多了解、有多体贴。

总体来说，王闰之不如王弗读书多，对东坡工作上的事也不像王弗那样关注。但是她对东坡生活上的照顾和情感上的体贴，则远远超过了她的堂姐。在密州时，被蝗旱之灾闹得心烦意乱的东坡，对吵着要跟他玩儿的小儿子发脾气。王闰之说：“孩子小不懂事，可你比孩子还孩子。愁也一天，乐也一天，干吗不乐呢？”当下准备了一壶好酒和几个小菜，坐下来与丈夫对饮。谈笑之间，东坡的“愁”不知不觉就消失了。东坡有一首诗记录此事：“小儿不识愁，起坐牵我衣。我欲嗔小儿，老妻劝儿痴。儿痴君更甚，不乐愁何为？还坐愧此言，洗盏当我前。大胜刘伶妇，区区为酒钱。”刘伶就是东晋“竹林七贤”之一、写过《酒德颂》的那位。东坡在诗里夸王闰之，说她比舍不得让丈夫喝酒的那个刘伶老婆强多了。

东坡写诗夸媳妇儿王闰之远不止这一次，拿王闰之去跟别人家的媳妇儿比较也不是头一回。他有两句诗很有名：“子还可责同元亮，妻却差贤胜敬通。”（《次韵和王巩六首》）敬通是东汉的学者冯衍。诗后还有一个注：“仆文章虽不逮冯衍，而慷慨大节乃不愧此翁……衍流离摈逐，与仆相似，而其妻妒悍甚，仆少此一事，故有胜敬通之句。”东坡的意思是说，自己和冯衍的境遇很相似，都是一生坎坷，颠沛流离。但冯衍有个骄横跋扈的老婆，而自己的老婆王闰之则待自己很好，所以在这方面“胜”过冯衍。下面讲的这件事说明即便在最倒霉的时候，东坡也没忘了拿王闰之跟别人家的媳妇儿比。

东坡反对变法，写诗激怒了朝廷，朝廷派兵丁到湖州抓他。被绑得结结实实的东坡面对张皇失措的妻子，谁都没想到，他竟然冒出了这么一句："哭什么呀，你就不能像杨处士的妻子一样，作首诗送送我吗？"别人都不知道东坡说的是什么意思，王闰之却听懂了。原来这里面有个故事。

宋真宗的时候，有个读书人叫杨朴，诗文俱佳，在当地颇有声望，但就是不愿意出来做官。宋真宗知道了很不高兴，命人把他召进宫中，让他当场作诗。杨朴推说不会。宋真宗问："你出来的时候，有人给你作诗送行吗？"杨朴说："内子写了一首。"宋真宗让他念。杨朴妻子写的诗是："且休落魄贪杯酒，更莫猖狂好吟诗。今日捉将官里去，这回断送老头皮。"

这个故事东坡跟王闰之讲过，当时两人还笑了半天。可眼下是什么时候了，你居然还有心思说笑话！这让王闰之哭笑不得。她恨恨地对东坡说："都是你写诗招的祸！"一气之下，她赶回家中，把东坡剩余的诗稿一把火烧了个干净。后人谈起这件事，想起那些诗稿，无不扼腕叹息……

东坡在狱中被关了一百三十天，之后被贬到湖北的黄州，开始了近五年的贬谪生活。这期间，王闰之始终陪伴左右，夫耕妻蚕，艰难度日。有一事可记。

有一天，苏家的耕牛突然病倒了，口吐白沫，抽搐不已，眼看就不行了。王闰之闻讯赶到，她看了一下，说："这牛是发豆斑了，我在老家见过。得用青蒿煮粥给它吃。"家人熬了一锅青蒿粥给牛喂下去，果然，耕牛不一会就缓过来了。东坡惊叹妻子"医术"如此高明，在很长的一段时间里，他逢人便讲这件事，很为媳妇儿骄傲。

王闰之与东坡生活了二十五年，不论是顺境还是逆境，恩爱始终如一。第一任妻子王弗死后，东坡把她安葬在家乡母亲程氏墓的侧旁；而对王闰之，东坡表示要"生同室，死同穴。"这个愿望最终由弟弟苏辙替他完成了。在东坡去世的第二年，苏辙把哥、嫂一同葬在了河南汝州的小峨眉山下——即今天河南郏县的"三苏园"。

王朝云，本书有专文介绍（见《湘云与朝云》），这里就不重复了。

图书在版编目（CIP）数据

苏东坡与《红楼梦》/ 韩建伟著．-- 北京：经济日报出版社，2021.4

ISBN 978－7－5196－0873－6

Ⅰ．①苏… Ⅱ．①韩… Ⅲ．①苏东坡（1036－1101）－人物研究②《红楼梦》研究 Ⅳ．①K825.6②I207.411

中国版本图书馆 CIP 数据核字（2021）第 064952 号

苏东坡与《红楼梦》

作　　者	韩建伟
责任编辑	张　莹
助理编辑	陈礼滟
责任校对	薛银涛
出版发行	经济日报出版社
地　　址	北京市西城区白纸坊东街 2 号 A 座综合楼 710（邮政编码：100054）
电　　话	010－63567684（总编室） 010－63584556（财经编辑部） 010－63567687（企业与企业家史编辑部） 010－63567683（经济与管理学术编辑部） 010－63538621　63567692（发行部）
网　　址	www.edpbook.com.cn
E－mail	edpbook@126.com
经　　销	全国新华书店
印　　刷	北京荣泰印刷有限公司
开　　本	787×1092 毫米　1/16
印　　张	11.25
字　　数	169 千字
版　　次	2021 年 4 月第 1 版
印　　次	2021 年 4 月第 1 次印刷
书　　号	ISBN 978－7－5196－0873－6
定　　价	48.00 元